「数字で考える」は武器になる

中尾隆一郎

かんき出版

はじめに

「いまビジネスマンに必要なのは〝数字で考える力〟です」という話をすると、大半の方が「確かにそうだ」と同意されるのではないでしょうか。特に経営者やマネジメント職にこの話をすると、大きくうなずいてくれます。彼らは「数字で考える」習慣があるからです。ですので、経験的に「数字で考える」重要性が分かっています。あるいは、「部下が数字で考えない」と不満に思っているので、私の問いかけに大きくうなずいてくれるのです。

「数字で考える」と、どのように仕事に役立つのか、**図1**にまとめました。

1つは、経営者やマネジメント職と「数字」という共通言語で会話できるようになります。具体的には、数字を使った資料を作成できるようになることで、**「説得力」や「伝える力」が向上します**。結果、**リーダーシップを発揮できます**。

2つめは、数字の「意味」が読み取れるようになります。つまり**計数感覚が高まります**。結果、「儲けるセンス」がある人材になります。

最後の3つめは、常にインプット（時間やお金など）に対するアウトプット（成果）を意識するようになります。これは一般的には**ROI**（Return on Investment：投資対効果）と言います。このROIを意識して仕事をするようになると、**自然と「仕事のスピード」や「生産性」が向上します。**

つまり、**「数字で考える」と、利益につながる提案を高い説得力とともに行い、短時間で成果を出せる人になれる。**表現を変えるとこのような人材は、企業の利益を生み出す**「黒字社員」**というわけです。当然、経営者やマネジメント職の方々は手放したくありません。

仕事の成果は、その仕事に必要な能力のうち「最も弱い能力（制約条件と言います）」に相関します。要するに制約条件が、仕事の成果の足を引っ張るのです。そして「数字で考える」ことが、制約条件である人がとても多い。つまり、「数字で考える」ことが強化できれば、一気に結果を出せる可能性が高いのです。

「数字で考える力」は**企業や業界を超えて役立つポータブルスキル**です。人生100年時代になってきました。嬉しいことに健康寿命も延びています。すなわち、働ける期間はどんどん長くなっています。一方で、企業の寿命は短くなっています。働ける期間はどんどん延び、企業の寿命は短くなっている。つまり、1つの企業に定年まで勤めることはますます難しくなっていきます。

その結果、転職、起業、副業・複業など、変化することが当たり前になっていきます。そのような環境変化が起きつつある現在、企業や業界を超えて役立つ**「数字で考える力」は、ビジネスパーソンにとって必須のスキル**と言えるでしょう。

図1　「数字で考える」と、仕事がどう変わるのか？

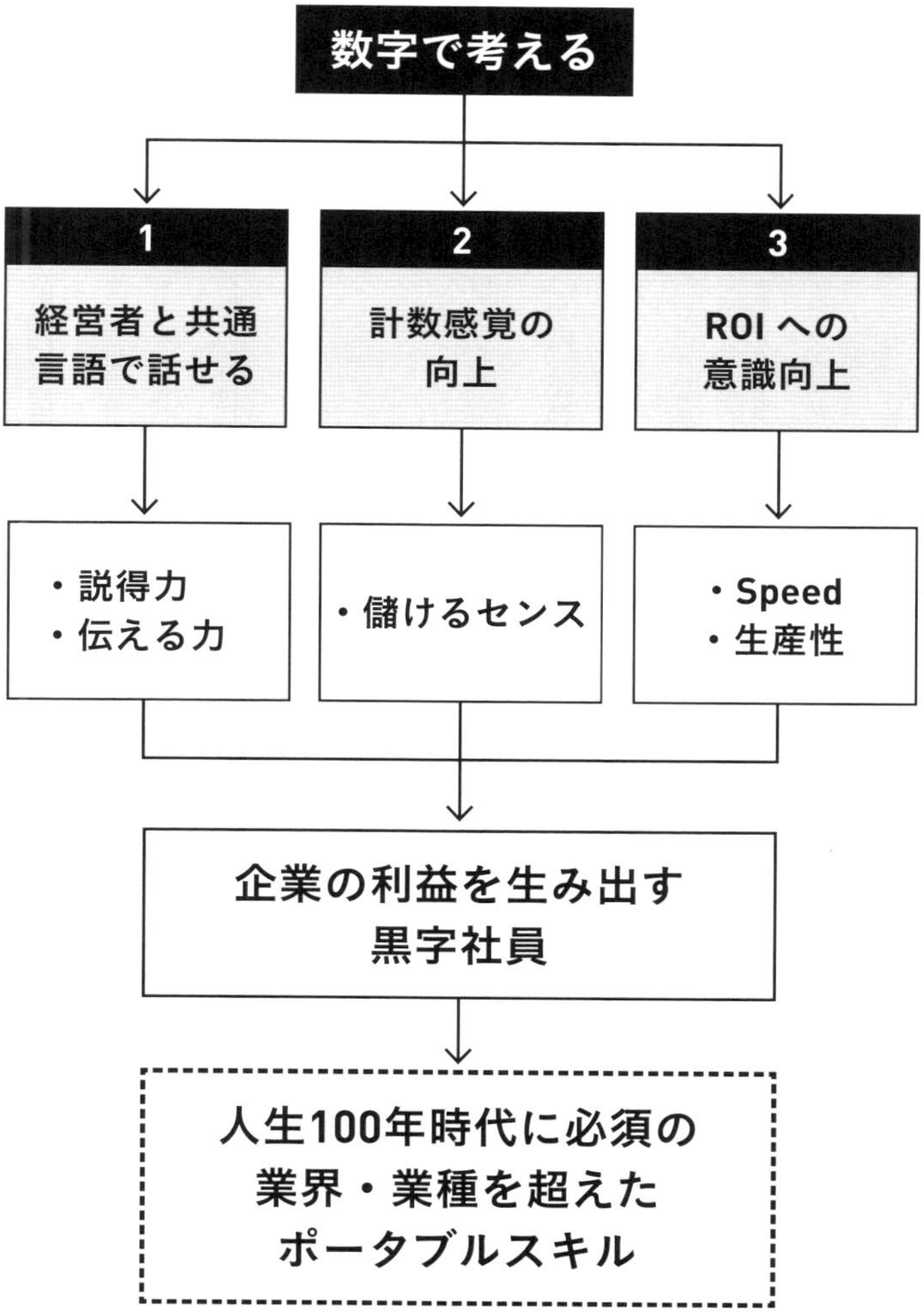

「四則演算」だけで、仕事がレベルアップ

一方で「数字が仕事で役立つのは分かるけど、やっぱり苦手」という方も少なくありません。実際、私の周りでも「数字が苦手」だと回答する方がたくさんいます。特に、数字で考える＝統計などの高度な数学が必要だという話になると、その割合が大きく増加します。確かに統計の知識やスキルは重要です。これらのスキルがあれば仕事で役立つケースもたくさんあります。

しかし、本書で扱う「数字」とは、統計の話ではありません。もっとシンプルな数字活用法です。具体的には、**四則演算（＋・－・×・÷）でできる「数字で考える力」**なのです。こう説明すると、大半の方が、「本当？」と疑いながらも「それならできるかも」という顔に変わります。

実際、四則演算を上手に使うだけで、驚くほど様々な仕事の場面で役立つのです。これは、誇大広告でもなく、事実です。

本書の目的は、シンプルに数字を活用して、仕事のレベルを上げるノウハウを学んでもらうこと。より正確に表現すると、義務教育で学んだ算数を上手に使うだけで、「数字で考える」を仕事の武器にしてもらう本なのです。本書を読めば、四則演算だけで、あなたも**「説得力」「伝え**

る力」「儲けるセンス」があり、「仕事のスピード」と「生産性」もあるビジネスパーソンになれるのです。

リクルートでは、あらゆる仕事を数字で判断している

少し私の昔話にお付き合いください。

私は1989年4月から2018年3月までの29年間、リクルートグループで勤務していました。周囲の環境と上司、同僚に恵まれ、リクルート勤務時代に様々な経験をすることができました。具体的には、技術職からスタートして営業、事業企画、営業企画、調査、研究、事業開発、マーケティング、管理会計、事業統合、事業監査、事業経営、企業経営などです。本社機能であるホールディングスの仕事もしましたし、子会社の社長や事業会社の執行役員として急成長する新規事業開発も担当しました。企業の採用を支援する営業や、その営業をサポートする営業企画の仕事も経験しました。**スーモカウンターとリクルートテクノロジーズの2組織では、数年間で数百名規模の採用と育成による急成長と低離職率の両立も実現しました。**

もちろん、成功だけではありません。2000年前後に中国への海外展開の起案をし、時期尚早と役員会で否決されたこともありました。余談になりますが、それから約20年後、リクルート

グループは、全売上の約半分を海外売上が占める、グローバル企業になりました。当時の「海外展開は時期尚早」という判断から考えると、隔世の感があります。

私は、2018年3月にリクルートグループを退職しました。リクルートグループ在職期間中も感じていたのですが、外から見ても、**リクルートグループは、どの部署も、特に経営陣や管理職は「数字で判断」を行うことが得意です**。正確に表現すると大好きなのです。現場は数字で起案し、経営は必ず数字で判断するという当たり前のことを実践しています。

たとえば、ある事業部門が、売上計画を20％アップする提案をしたとしましょう。10％は営業担当の増員、10％は生産性向上により実現し、そのための投資が必要だと起案します。経営陣は、その数字をベースに判断するのです。増員については、採用の方法と採用期間、育成方法と育成期間とそれらの効率性について数字で質疑応答をしながら、その実現性とＲＯＩ（投資対効果）を確認します。生産性向上についても同様に、数字を使いながら確認します。そして、それらの数字に整合性があり実現性が高いと判断できた場合に、起案を承認するのです。

「数字で判断」するためには、その前に「数字を理解」することが必要です。つまり順番は「数字を理解」→「数字で判断」。この「理解」と「判断」の間には大きな壁があるのです。

一般企業では、「数字を理解」したけれど、その「数字で判断」しないケースが少なくありません。言ってしまえば、「数字を理解できる」というレベルで止まってしまうのです。

一例を挙げると調査報告などは、その最たるものです。調査報告の内容は理解した。しかし、その調査報告にある数字だけでは判断しないのです。もっと詳細に調べたうえで、次回以降に決定を持ち越しするという話を聞いたことや見たことがあるのではないでしょうか。日本の企業でよく聞こえてくる話です。そして、次回の会議でさえ何も決めないこともあるのです。

私が29年間在籍していたリクルートグループは、その「数字を理解」し、その「数字で判断」する企業でした。つまり、**数字で判断し、実際に行動を起こす**のです。また、**「数字を理解」と「数字で判断」の間隔も短い**。これが「数字で判断」するということです。

もちろん、きちんと考えていない数字で判断することはあり得ません。当然ながら現場には、正しい数字を作成・提案する能力が求められていました。

私の「数字の読み方・考え方」講座が11年間続いた理由

リクルートグループには、**「メディアの学校」**という能力開発のためのコーポレートユニバーシティ（企業内大学）の仕組みがあります。ここで従業員に保有してほしい様々なテーマやスキルを講座形式で提供します。リクルートは「数字で判断」する会社なので、当然ながらこの数字についての講座が必要でした。

私はここで11年間、**「数字の読み方・考え方」**と**「ＫＰＩ（Key Performance Indicator：重要業績評価指標）」**という２つのテーマの講師をしていました。講師といっても、講師だけを業務としている専属講師ではありません。前述した多種多様な担当業務のかたわら、年に2回、１回あたり約50名、11年間で延べ１０００名超のマネジャーやメンバーに講義をしていたのです。

講座が次回以降も継続するかどうかは、受講者のアンケートで決まる仕組みでした。私は、「数字に関する講義が11年間続いた」と書きました。つまり、自分でいうのもおこがましいですが、人気講座であり続けたわけです。何度受講者アンケートがあったかというと、11年間、年２回講義をしていたので11年×（年２回）≒20回程度。**20回連続で受講者の満足度の高い講座を提供し続けた**ということです。

２０１８年６月に、「メディアの学校」で担当していた２つの講座のうちの一方の「ＫＰＩ」の講座内容を『最高の結果を出すＫＰＩマネジメント』（フォレスト出版）として上梓したところ、半年ほどで7刷になるほど好評を得ることができました。であれば、もう一つの「数字の読み方・考え方」も読者のみなさんの役に立つのではないかと妄想をしていたころ、かんき出版の米

図2　本書のポイント

1 四則演算（＋・－・×・÷）
算数の知識だけで数字を活用できる。

2 シナリオ（仮説）
分析（作業）を始める前にゴールから逆算する。

3 ビジュアル化
グラフや絵を使う。

4 定性情報
数字（定量情報）に過去の経験や知識を加える。

5 比較
比較対象を見つける。

田寛司さんから「数字の本を書きませんか？」とお声がけをいただきました。

私としては、うれしいお声がけでしたが、この本を書きながら、「柳の下に泥鰌《どじょう》は二匹いるのか？」とドキドキしています。

私が「数字の読み方・考え方」の講座の中で受講者に伝えていたのは、**図2**のように5つあります。

つまり、①「四則演算（＋・－・×・÷）」を活用するだけで、仕事のレベルアップができ、効果的な分析や提案ができるのです。また、これに加えて、②作業する前に「仮説」を立てて効率的に仕事をする。上司や周囲に説明する際にグラフや絵を活用して、③「ビジュアル化」することで大きく伝わり方が向上します。そして④定性情報。与えられた数字だけではなく、過去の自分自身や周囲の方々の知識や経験をフル活用することが大事だと伝えていました。④定性情報について補足しましょう。大成功した人たちは、一見異なる分野のノウハウを紐付けることで大成功しています。一例を挙げると、スティーブ・ジョブズ。Connecting the dots.の話をご存知でしょうか。カリグラフィー（文字をきれいに見せる表現）をＭａｃのパソコン開発に活用して大成功したのです。これなどは、自分の過去の知識や経験を総動員した好事例でしょう。

そして最後は、⑤比較。必ずしも数字に限りませんが、分析する際に、分析する対象だけ見ていてもよく分からなくなることがあります。そこで、比較対象を加えることで、様々な提案のリアリティ、実現可能性を高めるのです。

本書では、リクルートの「メディアの学校」での講座内容に加えて、オリジナルの内容を多く加えました。

ぜひ、本書を読んで、「数字で考える習慣」を身につけ、「説得力」や「伝える力」、「儲けるセンス」「仕事のスピード」「生産性」を身につけてください。

「四則演算だけで、こんなにパワフルな仕事ができるんだ」と、きっと驚かれることでしょう。

「数字で考える」は武器になる

目次

第1章 生産性を爆速させる数字力

第2章 数字の裏を読む

第3章 儲けるセンスを高める数字力

第4章 人を動かすリーダーの数字力

第5章 数字力を自在に操る7つのフレーム

ブックデザイン　小口翔平＋喜來詩織＋永井里実（tobufune）
DTP　Office SASAI

第1章

生産性を爆速させる数字力

Speed is Power

「仕事が速い」ことは人を感動させます。

想像してみてください。メンバーに仕事を依頼しました。「納期よりも前」に成果物を納品してくれました。どのように感じますか？

私は納品が早いと無条件に嬉しくなります。もちろん、成果物の品質は重要です。その成果物をチェックして、そのレベルが想定通りであれば、さらに嬉しくなります。その人のことを「仕事ができる」と信頼するでしょう。

もし、その成果物のレベルが想定以上であれば、どうやって短時間で仕上げたのかと感動してしまいます。私の性格からいうと、仕事の段取りを根掘り葉掘り聞くかもしれません。

一方、成果物のレベルが想定に達していなかったとしても問題ありません。**納品が早いので、まだ納期までに時間があるので修正する時間があるからです。**

つまり**「仕事が速い」というのは、周囲から「仕事ができる」と思われる、とても重要だけれ**

図3　Speed is Power（生産性向上）を実現する2つの方向性

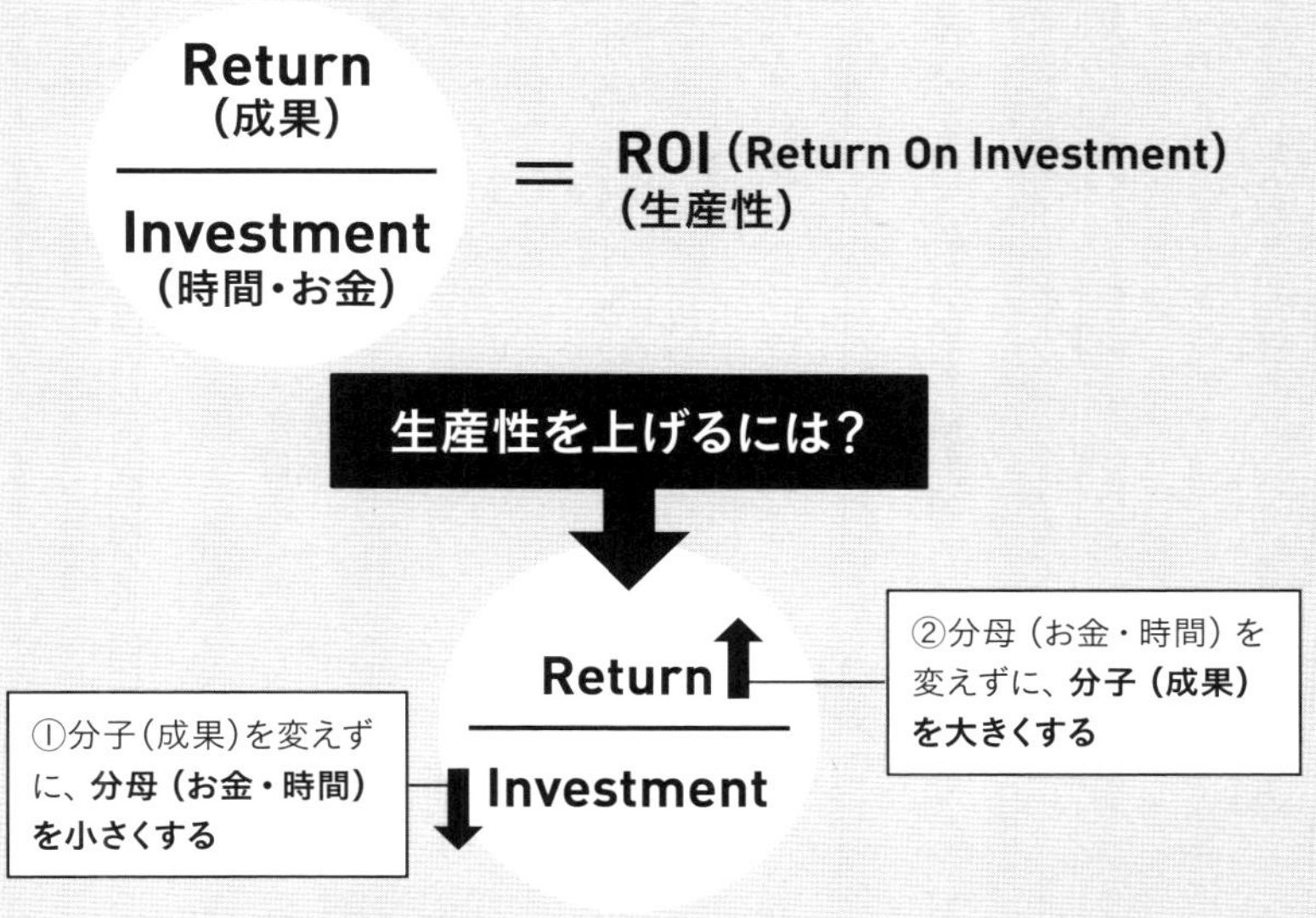

ど簡単な方法なのです。私は、これを**Speed is Power**と呼んでいます。Speed is Powerは、**図3**のように①「同じ仕事を、より短い時間で実行する」、もしくは②「同じ時間で、より多くの仕事ができる」ということです。先ほどの「納期よりも前」に成果物を納品してくれた話は①にあたります。①と②の両方が生産性をアップさせる方法です。「はじめに」で触れた生産性を表すＲＯＩで説明すると、①は分母であるＩの値を小さくする。②は分子であるＲの値を大きくします。①②の両方とも生産性（ＲＯＩ）の値を大きくするのです。

「生産性」という言葉ではなく、わざわざSpeed is Powerという言葉を使っているのには意味があります。

この言葉は、私がリクルート住まいカンパニーに在籍していた当時、カンパニー長であった現リクルートホールディングスCEO峰岸真澄さんが主導していた同社の「労働時間削減」と「生産性向上」の同時実現を目指したプロジェクトのスローガンです（言葉自体はインサイトコミュニケーションズ社長の紫垣樹郎さんが考案）。このプロジェクトは、大きな成果を上げ、リクルートは労働時間削減と生産性向上の両立に成功しました。

言葉はとても大事です。「生産性を上げよう！」と現場に伝えて、皆が「そうだ！」という話になり、結果として実現できれば問題ありませんが、そうではないケースも散見されます。どうしてでしょうか？

生産性が上がって会社にメリットがあるのは分かります。生産性が向上すると会社業績も向上します。しかし、**従業員にどのようなメリットがあるのか分かりにくい言葉なのです。**結果、生産性向上は、会社の号令だけに終わることが多いのです。特にホワイトカラーと呼ばれる職種では、その傾向が強いように感じます。

ところが、本当は、生産性向上に取り組むプロセスの中で、一人ひとりも様々なスキルを身につけていけるのです。つまり、私たちにも大きなメリットがある。このことをリクルートのプロジェクト運営者は表現したいと思ったのです。ところが、残念ながら「生産性向上」という手垢のついた言葉のままでは、伝わりにくいと感じたのです。

Speed is Power、つまり**「スピードを上げると、『あなたの仕事の力』になる」**という方が分かりやすいのではないかと思うのです。ということで、私は生産性を高める際に、このSpeed is Powerを使っています。

長時間労働者が評価されるのは、正しいのか？

ところが、日本企業ではSpeed is Powerとは「反対」であることが多いのに驚きます。具体的には、残業をしている人を評価する文化が根強く残っています。「長時間労働をしている人＝仕事をしている、頑張っている」と評価される傾向があるのです。

しかも長時間労働は、二重に評価されるケースもあります。1つめは、長時間労働による残業代をもらうことで、長時間労働は評価されています。2つめとして、期末業績評価時にも、「この人は（長時間）頑張っていた」と評価に加点する傾向があります。これでは評価の二重取りです。

ですので、**私が評価する際には、残業代のデータを準備していました。**期末評価時に、この残業代のデータも見ながら「長時間労働」が二重取りにならないか改めて確認していたのです。これなども、数字を使って公平に評価を行う方法の1つですね。

安倍政権が提唱した「働き方改革」の議論でも、当初「労働時間を短くすることはできない」という声が多かったように感じています。その理由は、労働時間を減らすと成果が小さくなり、業績が悪化するという論調でした。

本当でしょうか？　もしも、「労働時間を減らすと成果が小さくなる」が正しいとするならば、この話にはある「前提」が隠されています。それは、これらの会社の生産性は改善できない、つまり、すでに生産性の高さは限界で、これ以上アップできない、という前提です。もちろん、そのような会社、職場もあるかもしれません。しかし、大半の企業、職場の生産性が限界レベルまで高い、というのは疑問があります。

実際、国別の生産性の比較の議論になると、日本のブルーカラーの時間生産性は高いけれど、ホワイトカラーの時間生産性は低いと評価されています。大人数が参加し、報告中心の会議などは、その生産性の低さの典型的な事例でしょう。その他、営業担当に成果だけを追わせて、長時間労働を求めること、システム開発で生産性を測定せずに人員を投入すること、海外子会社や海外視察チームには何も権限を与えずに投資先候補のベンチャー企業を訪問し、相手を戸惑わせているのも低い生産性の典型例です。

一般的にホワイトカラーの生産性の測定は難しいと言われています。しかし、その難しさを盾

第1章で解説する3つの考え方

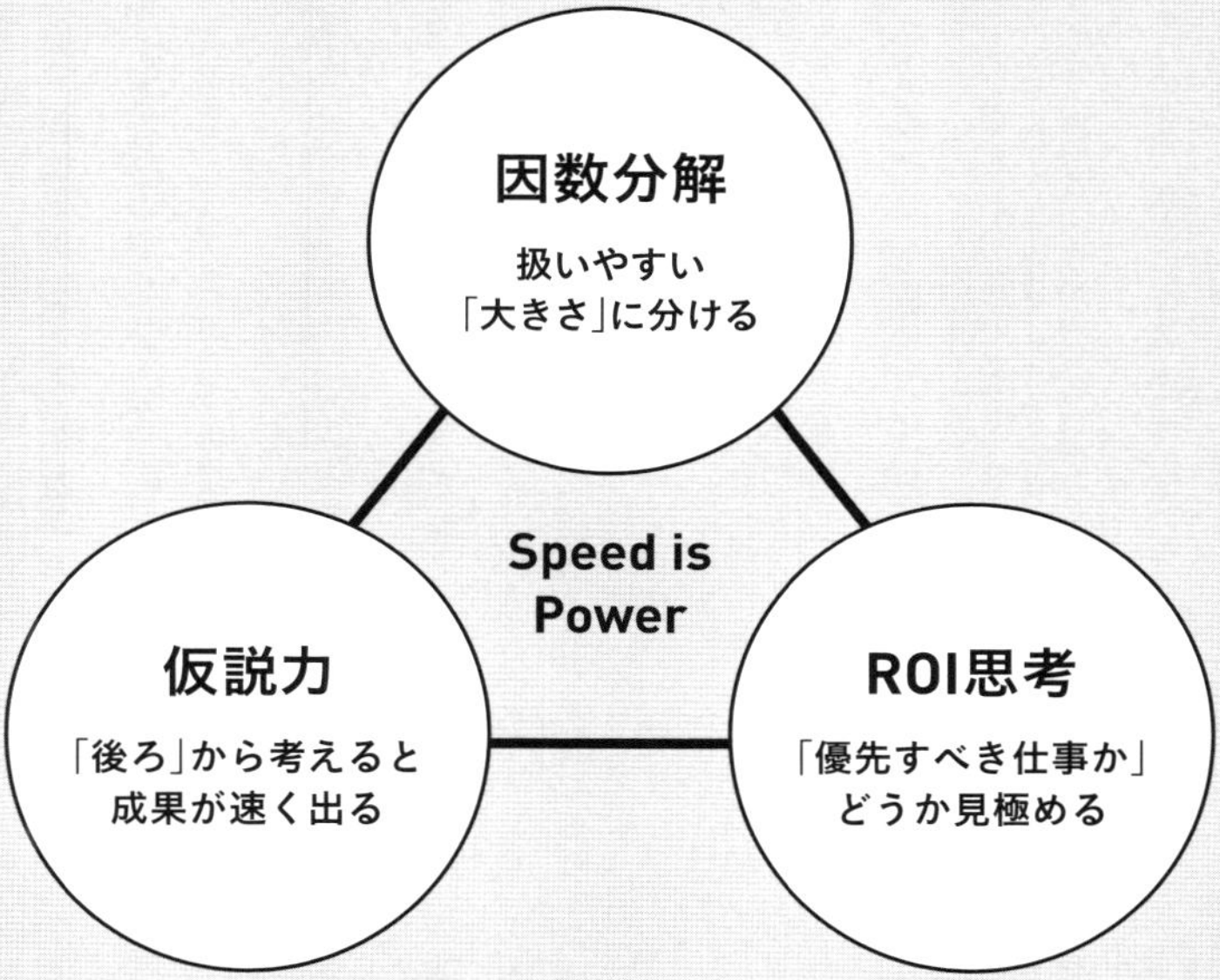

にして、生産性そのものを測定しようとしていないのです。**数字で記録を残すということが生産性向上の第一歩です。**しかし、それをしない会社や職場が大半ではないでしょうか。それにもかかわらず、労働時間を減らすと業績が下がると言うのです。何を根拠にそのように判断しているのか、不思議でなりません。

現状を数字で把握し、正しい方法で改善を行うことができれば、会社にとっては生産性の向上、そして従業員にとってはSpeed is Powerが実現できるのです。

では、どのような数字を把握すると良いのか、その具体的なメソッドをご紹介しましょう。

爆速で
終わらせる

1
因数分解

ケース

「忙しいところすまないが、3日間で資料をつくってくれないか？」

現在は火曜日の午後。あなたは、いつも忙しそうに見える部下に資料作成の依頼をしました。この資料は、その部下にしか作成できません。あなたが依頼した時の部下の反応は、次のどれに近いでしょうか？

あるいは、逆にあなたが上司から資料作成を依頼された際の反応はどれに近いでしょうか？ちなみに、今週のスケジュールは、かなり忙しくなる見込みです。

①今週は仕事が忙しいことを説明し、やんわりと断る
②まず、資料作成を了解して、それからスケジュールを考える
③内容と納期を確認し、対応を考える

④内容と納期を確認し、現在の仕事の状況を伝え、優先順位を確認する
⑤その他

回答を①〜⑤のうち近いものを選んでください。⑤の場合は、具体的にどのような反応なのか書いてください。

あなたが上司で、部下に仕事を依頼した際の部下の反応は（　）に近い
あなたが部下で、上司から仕事を依頼された際のあなたの反応は（　）に近い

できる人は、仕事を「工数」で考えている

このケースで、どうすれば日々の仕事でSpeed is Powerを実現できるのかを解説します。
ここでは、部下の「いつも忙しそう」を前提にしています。この場合、部下の典型的な対応は、①か②ではないでしょうか？　①の変形として、「今週は忙しいので説明もせずに断る」というケースもあるかもしれません。②は断っても結局受けざるを得ないので、残業を増やして対応するケースですね。

一方で、③と回答する人（内容と納期によって対応を考えるタイプ）は、相対的に仕事をきちんとこなすタイプです。④と回答する人（内容と納期を確認し、現在の仕事全体から優先順位を再設計しようとするタイプ）は、さらに仕事の生産性が高いタイプと言えるでしょう。つまり①②と回答する人と比較して、**③④と回答する人は生産性が高いタイプの方が多い**のです。

①②と③④は何が違うのでしょうか。この違いを分けるキーワードが**「納期を管理する」**と**「工数を管理する」**です。**図4**に「納期を管理する」と「工数を管理する」の違いを整理しました。この違いを理解しているかどうかが、Speed is Powerを実現するための必要条件なのです。

「納期」とは、いわゆる**「締切り」**です。そのタスクをいつまでに実施しないといけないかという日時のことです。今回のケーススタディでは、たとえば「金曜日13時までに資料を作成する」というもの。

一方の「工数」とは、**タスクにかかる「見積もり時間」**のことです。今回のケーススタディでは、「資料作成に4時間かかる」というもの。さらに実際の業務をイメージすると「設計1時間」「資料収集1時間」「ドラフト作成1時間」「レビュー30分」「修正・完成30分」などに細かく分解できます。

このように分解することを私は「因数分解」と表現しています。後ほど詳しく説明しますが、

図4　「納期を管理する」と「納期と工数で管理する」

納期を管理する

タスク	納期
○○社提案資料ドラフト作成	6/9
○○社提案資料最終版作成	6/16
○○さん打合せ用メモ作成	6/3
経営企画会議起案ドラフト作成	6/5

納期と工数で管理する

タスク	工数	納期
○○社 提案資料ドラフト作成	2時間	6/9
○○社 提案資料最終版作成	4時間	6/16
○○さん 打合せ用メモ作成	30分	6/3
経営企画会議 起案ドラフト作成	2時間	6/5

「因数分解」はSpeed is Powerを実現するための効果的なスキルです。

まとめると、「納期を管理する」と「工数を管理する」の違いは、タスクを「締切り」で管理するのか「見積もり時間」で管理するのかという違いです。みなさんはどちらで管理していますか？

この点から今回のケーススタディの回答を納期で整理すると、**図5**のようになります。つまり、①②のタイプは「納期だけを管理」しているのです。一方、③④のタイプは「納期を管理」に加えて「工数も管理」しています。

Speed is Powerを実践していない生産性の低い人の大半は、「納期で管理」だけをしています。そして**生産性の高い人は「納期と工数の両**

図5　納期派と「納期＋工数」派、あなたはどっち？

納期派	「納期＋工数」派
①今週は仕事が忙しいことを説明し、やんわりと断る	③内容と納期を確認し、対応を考える
②まず、資料作成を了解して、それからスケジュールを考える	④内容と納期を確認し、現在の仕事の状況を伝え、優先順位を確認する

方で管理」しています。

あなたはどうでしょうか？

今回のケースで、「納期」だけで管理している上司と部下のコミュニケーションはどのようになるでしょうか？　上司：上、部下：部と表記しています。

上：○○さん、金曜日13時までに資料を作成してほしいのだけれど、どうだろうか？

部：今週はかなり立て込んでいるので、無理です。

上：確かに○○さんは、忙しいよね。

部：はい。ご存知のように、今週は特に忙しいのでこれ以上の仕事を受けるのは無理です。

上：そうだよね。○○さんが忙しいのは十分に分かっているのだけれど、この資料は〇〇さんでないと作成できないので、何とかお願いしたい。

部：いつもいつも、こんな急発注の対応は無理です。

上：状況は分かるが、何とかお願いしたい。金曜日の13時にできれば良いので、何とかお願いしたい。

部：そこまでおっしゃるのであれば、了解しました。それならば、他の仕事を止めてでも実行します。

上司が部下に対して、上司という立場を利用して強引に仕事を依頼しました。部下は都合3回「無理」と言っています。実際の職場でよく見る光景かもしれません。よく見かけるので、「こんなの当たり前だ」と感覚がマヒしているかもしれません。

しかし、このような仕事の依頼や請負をすると、部下側は、いつも無理な仕事を頼む上司だという感情だけが残ります。上司側には、やらないといけない仕事なのにイチイチ断ってくる面倒な部下だという感情が残ります。今後もこれらの感情のしこりが残り、関係性がうまくいかないことは想像に難くありません。

それでは、もう一方の「納期」と「工数」を管理している上司と部下のコミュニケーションはどのようになるでしょうか？

上：○○さん、金曜日13時までに資料を作成してほしいのだけれどどうだろうか？
部：今週はかなり立て込んでいるのですが、内容を確認させてもらえますか？
上：悪いね。今回の資料は、○○の起案資料なんだ。
部：なるほど。工数は4時間くらいでしょうか？
上：4時間という工数は、どのような段取りから計算したの？
部：設計1時間、資料収集1時間、ドラフト作成1時間、レビュー30分、修正・完成30分です。
上：なるほど。すでに「設計」と「資料収集」はできているので、「ドラフト作成」「レビュー」の2時間を想定しているんだよ。あなたのスケジュールを確認すると、今日の午後に1時間、明日の午後に1時間の合計2時間空きスケジュールがあるので、ここで実作業をしてほしい。いかがでしょうか。
部：了解しました。それならば、他の仕事に支障なく実行できると思います。

2人の会話から冒頭の金曜日の13時という「納期」に加えて、資料作成にかかる時間、つまり「工数」でも管理していることが分かります。特に**「工数」で会話をするこ**

とで、スケジュールの空き時間を確認でき、他の仕事に影響を及ぼさないことも把握できました。

もしも、想定の空き工数、今回でいうと2時間がスケジュールから見つからなかった場合はどうすればよいのでしょうか。

主な方法は2つです。1つは他の仕事との優先順位を見直して、空きスケジュールを生み出せばよいでしょう。もう1つは、**他の人と仕事を分担するという方法があります。**

今回ドラフト作成1時間、レビュー30分、修正・完成30分の合計2時間のタスクで他の人との分担を考えてみましょう。今回の資料作成の中で、他の人に依頼しにくい部分はどこでしょうか。おそらく、与えられた資料をもとに「ドラフトを作成するタスク」の1時間が難しそうです。そこで、この部分だけを今回の部下が担当し、上司へのレビューとそれを受けて修正・完成をするタスクは他のメンバーに依頼する、という段取りを考えるということです。

どちらにしても、工数という「数字」で管理することで、生産性が高まることを理解いただけたでしょうか。

さて、この工数を見積もる際に重要なキーワードがあります。それは**「扱える荷物の大きさにする」**ということです。この重要な考え方について説明しましょう。

扱える荷物の大きさに分解する

ここまでSpeed is Power、つまり生産性を向上させるには、「数字で記録」する、その際に「納期だけではなく工数でも管理する」ことがポイントだという話をしました。その工数を見積もる際の重要なキーワードが「扱える荷物の大きさにする」です。

工数を見積もる話に、「荷物」の話が出てきたので、びっくりされた方もいるかもしれません。「荷物」というのは、一つの比喩、たとえです。

あまりに大きな課題＝仕事を与えられると、どうしてよいか分からず、途方に暮れてしまいます。押しても引いても動きません。結果、何もできないわけです。

では、どうすれば良いのか？　**大きな課題＝仕事を分解して、小さく分けていく**のです。そして、小さくなった仕事を一つひとつ解決していきます。それらの小さな仕事を解決し続けていくと、結果、もともとあった大きな仕事も解決できるという考え方です。私は、これを**「因数分解」**と表現しています。

工数を見積もるのも同じです。大きな荷物、つまり長時間かかる仕事を見積もると誤差が大きくなりがちです。経験したことがない仕事の時間を見積もると、ついつい長くなりがちです。ですから、自分が見積もれる大きさの荷物にするのです。

実際に大きな荷物を運ぶ仕事をイメージしてください。大きすぎて簡単には移動できません。それを**自分や仲間が運べる大きさに小分けにして、手分けして運んでいく**。そのようなイメージを「扱える荷物の大きさにする」と表現しているのです。

私が働いていた職場で、因数分解が上手なリーダーがいます。彼は海外ビジネスを拡大する部署の責任者なのですが、「扱える荷物の大きさにする」スキルが極めて高いのです。

1日の労働時間は8時間程度。その8時間に、**自分自身だけではなく、一緒に働いているメンバーに対しても、優先順位の高い仕事を割り当てていきます**。そのために、彼は一緒に働いているメンバーのスキルや経験に合わせて「荷物の大きさ」を適切に変えるのです。

たとえば同じタスクであってもシニアレベルのAさんだと1時間でできる仕事が、ジュニアレベルのBさんだと2時間かかるということが、経験的にも、彼らが所持しているデータ（見積もり工数と実際の工数）でも把握できています（Jira：「アジャイルおよびソフトウェア開発プロジェクトの計画、追跡、管理を行うソフトウェア」でタスク管理をしているので簡単に把握できます）。

それらのデータを参考にしながらタスクの量を変化させるのです。見積もりで2時間かかるBさんのタスクに対しては、**さらに細かく因数分解して1時間のタスク2つ、あるいはさらに細か**

い30分のタスク4つに分けて依頼します。そうするとジュニアレベルのBさんは、30分単位、あるいは1時間単位で仕事の進捗を確認できるようになります。Bさん本人にとっても自分のスピードを測定しやすくなるのです。

このリーダーに確認したところ**「自分のコアコンピタンスは、課題を相手に合わせて適切な大きさにする因数分解である」**と自覚していました。このスキルにより、社内はもとより、海外のパートナー企業との協働など、多様で大きな仕事を生産性高く担当してくれています。

この「因数分解」というスキルは工数の見積もり以外でも、多くの場面で活用できるSpeed is Powerを実行する共通スキルです。その一例を紹介しましょう。

因数分解ができると、行動力も上がる

「その道の達人になるには1万時間が必要だ」という話が、マルコム・グラッドウェルさんの『OUTLIERS』というベストセラーに書かれています。日本では『天才！ 成功する人々の法則』として勝間和代さんが和訳、解説されたので読んだ方も多いかもしれません。

「1万時間」というと1日に8時間学んだとしても5年かかります。1日あたり4時間だとする

と10年かかる計算になります。昔の人は「石の上にも三年」と言いました。それより長い期間です。すべての人が、簡単に投資できる時間ではありません。一方で、最近ではＩＴや様々なサポートにより、何かを習熟するのに必要な時間が短くなっています。そう考えると、本当に1万時間かかるのか疑問が残ります。

たとえば、私たちの子どものころ、**自転車に乗る**ことは親にとっての一大イベントでした。まず、自転車の後輪の両側に補助輪を装着し、自転車がどちらに傾いても倒れないようにします。子どもが少し自転車で進めるようになると、片方の補助輪を取り外します。子どもは、走りながら、こけそうになったら補助輪のある側に傾けて体勢を整えることを学びます。それにも慣れたら最終段階。残った補助輪を外します。

ところが、そこからが大変なのです。親の登場です。親は自転車と並走しながら、子どもがこけそうになったらサポートします。これを数日続けると、ある瞬間、子どもは自由に自転車を操れるようになります。かなり感動的な瞬間です。しかし、それまでに子どもは何度も転び、親は中腰で自転車に並走し続けるので大変です。運動神経が良い子どもでも1週間くらいはかかったのではないでしょうか。

ところが、今はこのような自転車の教え方はしません。**自転車に乗る＝「自転車のバランスをとる」×「ペダルをこいで進む」と因数分解しています。**

まずは自転車のペダルを外します。いわゆるストライダーのような状態にします。そして、足で地面を蹴りながらバランスをとり、思い通りに「進む」と「曲がる」を訓練するのです。30分から1時間もすると、子どもたちはペダルを外した自転車を自由に操れるようになります。この段階で彼らは地面から足を上げて自転車をコントロールする術を身につけています。

そして、次の段階であるペダルをつけて自転車を漕ぐステップに移行。すでに足を上げて自転車のバランスをとることができていますので、ほんの30分から1時間もすると自由にペダルをこいで、自転車を乗りこなせるようになります。昔のようにこけて足をすりむくこともありません。練習法を変えるだけで、自転車を乗りこなせる時間が大幅に減るのです。

これは自転車に限ったことではありません。飲食業では「ラーメン大学」や「すしアカデミー」のように数週間から1カ月で飲食店をオープンするノウハウを習得できる養成機関もあります。**必要なスキルを因数分解し、その中で必須なものに絞り、短時間で習得できるようにしている**ようです。

従来の飲食店の修業であれば、少なくとも1、2年の下積み期間が必要でした。それはそれで、

図6　超一流、一流を因数分解してみる

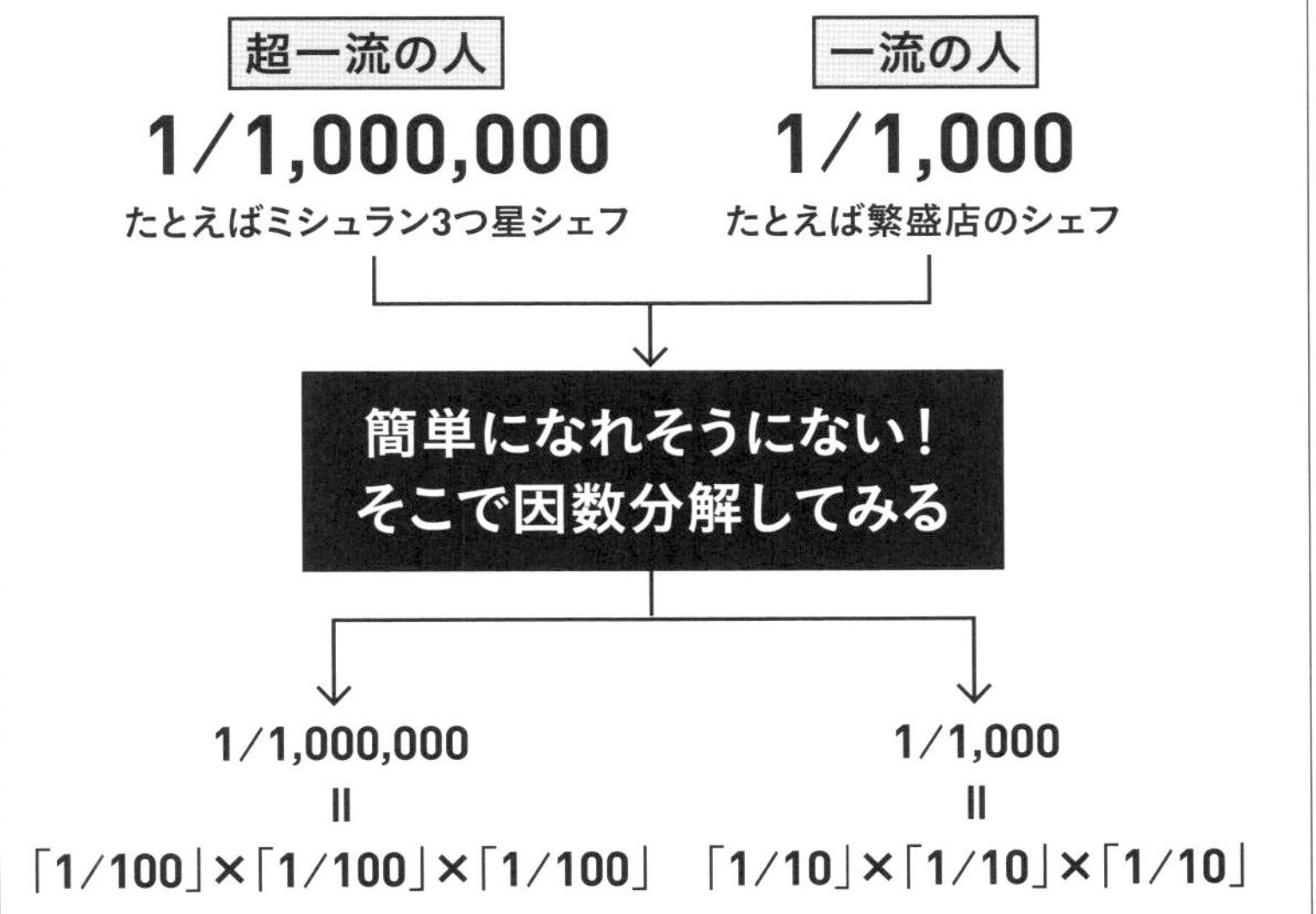

今でも重要かもしれません。しかし、下積みが前提だとすると、会社に勤めている人は退職して下積みを選択するしかありません。しかも、修業を始めてから、センスや才能がないと気づいても後の祭りです。

　ところが数週間である程度まで習得できる選択肢があれば、長期休暇があればトライアルできます。**本気でその道を選ぶ前に、試しに学んでみるという選択の幅が増える**のです。

「一流を目指す」ことを因数分解して考えることもできます。**図6**をご覧ください。「１００万人に１人」の人を超一流、「１０００人に１人」の人を一流だと仮定しましょう。１００万人に１人、あるいは１０００人に１人という途方もない数字です。１０００万に１人のミシュラン3つ星シェフ、1000人に1人の超繁盛店のオーナーシェフのようなイメージでしょうか。

この2つの数字を因数分解して、

100万人＝100×100×100
1000人＝10×10×10

と因数分解したらどうでしょうか。**つまり「100人あるいは10人に1人」と言える専門性を3つ見つける**ということです。100人に1人、10人に1人であれば、努力してなれるのでは、と思えないでしょうか？

もちろん3つ見つけるのは、それはそれで大変です。しかし、従来の超一流あるいは一流になるまでにかかった時間と比較すると、3つを見つける時間は圧倒的に短いはず。

私は、1万時間の話や一流になる方法が分からなくなって途方に暮れている同僚に次のように話をします。「1つの分野で超一流になるのは素晴らしいが、限られた人しかなれない。つまり我々が到達できる可能性が低い。しかし、3つの分野に因数分解し、それぞれの専門家になれる可能性は高いはず」。これを聞いた大半の同僚は、可能性を感じて動き出してくれます。

この**一つひとつの専門性のことを私は「タグ」と呼んでいます。**自分のタグを増やす。それがこれからの一流になる方法の一つです。みなさんにはいくつタグが付けられますか？

次のコラムでは10分の1には少し及びませんが、「6分の1のタグ」を付ける方法を紹介します。

コラム

17%の法則

あるタグを付ける方法を思いついたエピソードを紹介します。私が**「17%の法則」**と呼んでいるものです。17%、つまりおおよそ6分の1です。

2000年にリクルートワークス研究所で、1万3000人を対象とした調査の責任者をしたことがあります。これは、現在、同研究所で約5万人規模の「就業実態パネル調査」という大規模調査を実施していますが、その源流にあたる「ワーキングパーソン調査」と呼んでいたものです。その調査の中で「17%」という数字があり、あまりの少なさに衝撃を受けたのです。

この17%、つまり6分の1とは、何を表している数値だと思いますか？　これは、**過去1カ月に仕事に関する情報をインプット（本を読む、講演を聞く、専門家に聞くなど）した人の割合**なのです。

直近の「就業実態パネル調査」でも、質問の仕方は異なりますが、学びの「習慣」がある人の割合は30％程度だとのレポートがありました。どちらにしても日本の労働者は、あまり学ばないようなのです。

ちなみに、この17％を残りの83％と比較すると、**同じ年齢なら役職が高く給料も高い、同じ役職なら給料が高く、同じ学歴なら給料が高い、**という結果になりました。

定期的に仕事に関係するインプットをするだけ、たとえば関連する本を読むだけで「6人のうちのトップ」になれる可能性があるのです。しかもそこのカテゴリーに入ることができると、給料も高くなる可能性が高い。これは、なかなか効果的なタグです。

この手のインプットは、すぐに効果が表れないかもしれませんが、長期的には効果が出るのです。

私はそれを信じて、この数値を知って以降、**年間100冊の本を読むことを自分に課しています。**年間100冊というと多く感じますか？　しかし、私はこれを前述の**自分が持てる荷物の大きさに因数分解しました。**

年間100冊は月8冊強。週あたりに換算すると2冊です。

できるのかどうか、まず「測定」してみました。測定したのは2つです。1つは**本の平均ページ数**。もう1つは私の**本を読むスピード**です。本の平均ページ数は、だいたい200〜300ページの本が大半です。私の本を読むスピードは、おおよそ1ページあたり1分であることが分かりました。本1冊を250ページとすると、私が1冊の本を読むのに必要な時間は「250分≒4時間」だと分かります。この2つの数値で、私が週に2冊本を読むために必要な時間が8時間（約500分）であることが分かりました。

私は横浜に住んでいて、40分かけて東京に通勤しています。この時間を使えないかと考えました。週に5日会社に通っていますから、往復で10回。通勤の電車に乗っている時間は「40分×10回＝400分」。本を読むのに必要な500分のうち400分が通勤時間で賄えることが分かりました。残りは100分、2時間弱です。これならば週末2日のうちに十分消化できる量だと思えたのです。

このようなフェルミ推定（詳細は52ページ参照）を行ってから約20年間、毎年100冊の読書を継続しています。都合2000冊以上。これが私の仕事の基礎体力を高めています。そして、**中尾＝本をたくさん読み続けている人＝提案の信頼性が高いというタグ**を付けてもらっています。これは私に限らず、誰にとっても投資対効果が高い方法です。みなさんにもお勧めです。本を読むスピードを測定することからスタートしてみてください。

2 ROI思考

ケース「営業の人数を増やさずに、売上を5％アップできないか？」

ここからは、別の角度からSpeed is Powerを実現するための簡単なケーススタディをしてみましょう。キーワードは、**「やるべき仕事の順番」**です。何度も触れているＲＯＩの視点から考えていきます。

あなたは営業組織の企画担当者です。あなたの仕事は、営業組織の戦略や戦術を立案し、営業責任者の執行をサポートすることです。ある日、営業責任者である上司から「5月は計画通り、営業担当35名で売上1億５００万円、1人あたり売上３００万円を実現できた。大半の組織は目標達成できた。とても良い状態だと思う。この営業人数のままで5％売上アップする方法がないか提案してほしい」

図7　エリアごと、商品ごとの営業成績

単位：万円

	達成状況	合計	商品A	商品B
首都圏	▶	3,800	2,150	1,650
関西	▶	1,680	1,140	540
東海		1,120	700	420
エリア	▶	3,900	2,850	1,050
合計	▶	10,500	6,840	3,660

※「エリア」とは、北海道、東北、北陸、甲信越、中国、四国、九州などを指す

という要望を受けました。**図7**が各組織の5月の営業結果です。渡されたのは、このシンプルな表1枚。営業組織の企画担当であるあなたはどのように分析し、提案しますか？　これがケーススタディのお題です。上司からの質問には迅速に回答することが求められます。

あなたは、どのように分析するでしょうか？

そして、どんな提案をしますか？

仕事はリターンと投資で考える

まずは一番大事なチェックポイントについて説明します。それは、「この仕事は重要なのか」、つまり、**あなた、あるいは会社として「やるべき仕事なのか」どうかの確認です。**

上司から依頼された内容は、**「現在の営業人数のままで売上5％をアップさせる」**というもの。上司から依頼された仕事は、すべて重要だという考え方もあります。しかし、本当にそうでしょうか？　上司も人の子、無駄な仕事を依頼する可能性もあります。

私自身の社会人生活30年を振り返ってみても思い当たることがあります。後半の15年以上は経営者や管理職でしたが、メンバーに重要ではない仕事を依頼した経験が少なからずありました。また、前半の15年、自分自身がメンバー時に、重要ではない仕事をした経験が思い起こされます。

重要でない仕事とは、簡単に表現すると**ＲＯＩが小さい仕事**です。25ページの図3でも述べましたが、ＲＯＩ（Return On Investment）は分子のＲがリターン（成果）を表し、分母のＩがインベストメント（時間やお金）を表します。ＲＯＩが小さいとは、この分数の値が小さいということです。具体的には、**分子であるReturnが小さい仕事、あるいは分子のRと比較して分母のInvestmentが大きな仕事**です。

もしＲＯＩが小さい仕事、つまり重要な仕事ではないと分かれば、どうすれば良いでしょうか。最善なのは、上司にやる必要がないと説明して、仕事自体をなくしてしまうことです。

しかし、それでもしないといけない（理不尽な）場合は、投資する時間を最小限にする、つまりＲＯＩの分子のＩを小さくして、少しでもＲＯＩを大きくする必要があるということです。

（再掲）　図3　Speed is Power（生産性向上）を実現する2つの方向性

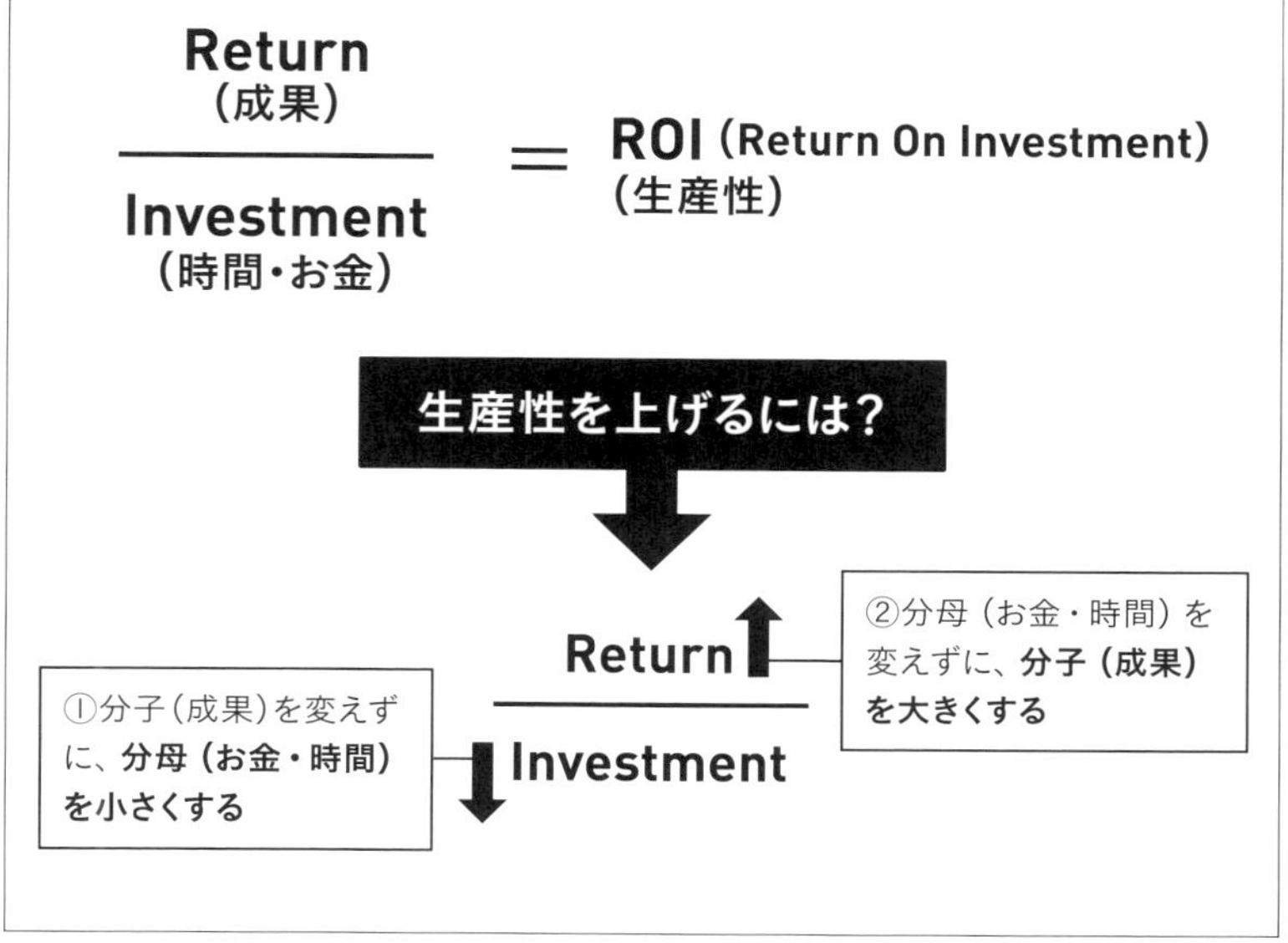

与えられた仕事の重要性が低かったとしても、上司に止める提言をするなど無理で、理想論だと思う方がいるかもしれません。

しかし、売上20万部を突破した名著『イシューからはじめよ』では、**100の仕事のうち、やるべき仕事は1、2個程度しかない**と書いてあります。人生は、重要な仕事をやり遂げるには短すぎる。やるべき仕事を選別しなさい、とアドバイスしているのです。

私自身、仕事は選んで実施しているつもりでしたが、この本を読んで、まだまだ甘いと猛省したのを覚えています。ぜひ、勇気を持って仕事を選別してください。時間は有限です。無駄な仕事をしている暇はありません。

「まず、この仕事をするべきかどうかを考える」というステップは、**Speed is Powerを実現するための有効な方法の1つ**です。この、「仕事が重要なのかどうか」を判断するための有効なテクニックとして**「フェルミ推定」**という考え方があります。

日本全国の電柱の数を「フェルミ推定」で計算せよ

最近ではコンサルタント業界の入社面接などで質問されることが多いので、「フェルミ推定」をすでにご存知の方も多いかもしれません。

フェルミ推定とは、**「琵琶湖の水は何滴か？」「ウインブルドン・センターコートの芝生の本数は何本か？」「富士山をトラックで移動させるためには2トントラックが何台必要か」**といった一見、荒唐無稽な設問を短時間で回答する方法論で、その実践者であるエンリコ・フェルミの名前が由来となっています。

それでは、実際にフェルミ推定のケーススタディの演習をしてみましょう。紙と筆記用具をご準備ください。

お題は**「日本全国の電柱の数を考える」**です。時間は5分。計算に必要なのは四則演算だけです。当然ですが、インターネットなどで調べるのはＮＧです。

回答の一例を**図8**にまとめました。「一例」と書いたのは、いくつもの考え方があるからです。ここで紹介するのは、**「一定の面積あたり、何本の電柱があるのか」**という視点から考える方法です。

ステップ1で日本の面積を推定します。ステップ2では、電柱の数は日本国土中で一定の密度（何メートルに1本ずつあるのか）ではないと推定できるので、日本をいくつかのグループに分けます。ステップ3では、グループごとの電柱の密度を推定します。ステップ4で、ステップ2とステップ3の計算結果を統合して日本全国の電柱の数を推定します。

ここまで読まれた方は、お分かりだと思いますが、すぐに計算に入るのではなく、このように**段取りを「因数分解」することが重要**なのです。ではステップごとに細かく見ていきましょう。

ステップ1：**日本の面積を推定します**。もちろん日本の面積を地理の授業などで約38万㎢と習っている方であれば、そのまま使ってもかまいません。しかし、知らない方もいらっしゃるでしょう。

そこで、日本の面積を推定します。日本の形を長方形だと仮定しましょう。少し乱暴に感じるかもしれませんが、ざっくり把握したいので、計算しやすい形が良いわけです。

長方形の面積を計算するには長辺、短辺の長さが必要です。まず、その2辺の長さを推定します。長い方の1辺は、九州から北海道の長さです。たとえば、**東京―大阪間がおおよそ500㎞**だという情報を知っていれば、全体の日本の長さをその4倍程度の500㎞×4＝2000㎞程度だと推定できます。もう一方の辺の長さも、同じく東京―大阪間の500㎞より短そうですから200㎞程度だと推定できます。これで2辺の長さが推定できましたから、日本の概算の面積が計算できます。長辺2000㎞×短辺200㎞＝40万㎢となります。

ステップ2：**面積あたりの電柱の数を推定します**。面積あたりの電柱の数は、人口密集地の「都市部」とその他の地域（エリア部）では異なるだろうと想像できます。**そこで日本全体を「都市」と首都圏以外の「エリア」の2つのグループに分けることにします**。

日本の都市部は、主に県庁所在地と大都市などのイメージでしょうか。そうすると、都市部とエリア部の比率は20：80程度だと推定できます。先ほど、日本全体の面積は40万㎢と推定しましたので、それぞれ20％と80％を掛け算すると都市部の面積は40万㎢×20％＝8万㎢。エリア部の面積は40万㎢×80％＝32万㎢であると推定できます。

ステップ3：**どれくらいの距離ごとに電柱があるのかを推定します**。たとえば都市部は50mご

図8　日本全国の電柱の数をフェルミ推定する（一例）

1　日本の面積を推定

- 日本は長方形だと仮定
- 東京ー大阪間は約500㎞だと知っている
- 長辺は約4倍＝2,000㎞
- 短辺は半分弱＝200㎞
- 面積は約40万㎢

2　日本を都市と首都圏以外にグルーピング

- 都市 ▶ 約20%＝40万㎢×20%＝8万㎢
- エリア ▶ 約80%＝40万㎢×80%＝32万㎢

3　グループごとの電柱密度を推定

- 都市 ▶ 50mごとに電柱＝400本／㎢
- エリア ▶ 200mごとに電柱＝25本／㎢

4　2.3の結果から日本全国の電柱の数を推定

- 都市 ▶ 400×8万＝3200万本
- エリア ▶ 25×32万＝800万本

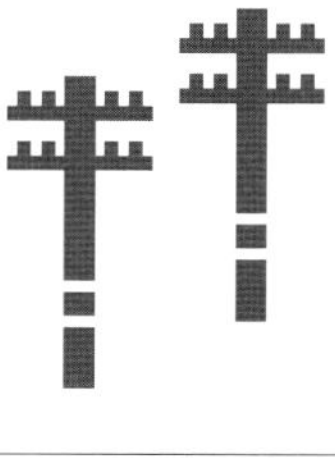

合計：4000万本

とに1本程度、エリア部は200mごとに1本程度でしょうか。これを前提に計算すると、都市部は1㎞あたり20本、エリア部は1㎞あたり5本の電柱があるということになります。つまり1㎢あたり都市部は20本×20本＝400本。エリア部は5本×5本＝25本の電柱があると計算できます。

ステップ4：**回答（日本の電柱の数）を推定します**。ステップ2で都市部とエリア部の面積を推定し、それぞれ8万㎢と32万㎢と推定しました。ステップ3で都市部とエリア部の1㎢あたりの電柱の本数をそれぞれ400本、25本と推定しました。すると、

都市部の電柱の本数：400本／㎢×8万㎢＝3200万本
エリア部の電柱の本数：25本／㎢×32万㎢＝800万本

と計算できます。合計すると約4000万本と日本全国の電柱の数が把握できます。

フェルミ推定では、単に回答を見つけるのではなく、**複数の回答シナリオから最適な方法を見つけることを推奨しています**。今回は一定の面積あたりの電柱をフェルミ推定する方法を解説し

ました。これ以外にも推定する方法はたくさんあります。

実際、私が「メディアの学校」で担当していた「数字の読み方・考え方」でも、受講者はたくさんの電柱の数の推定方法を見つけてくれました。一例を挙げると、電柱は家庭や企業に電気を送るものである。ということは、企業数と家庭数から想定できるのではないかと仮定してフェルミ推定した人。電柱はたいてい道路にあるのではないかと仮定して、道路の長さからフェルミ推定した人。人口と相関性があると仮定してフェルミ推定した人など。

フェルミ推定は、どれが妥当解かというよりも、**より多くのシナリオを考え、その中から精度が高く、簡単に計算できるものを短時間で見つける、いわばゲームです。**

繰り返しになりますが、与えられた仕事のROIのReturnがどれくらいなのか？　あるいは、実行にどれくらいのInvestが必要になるのか？　それぞれフェルミ推定してみます。これによってその仕事の優先順位が分かります。**ROIが高ければ、その仕事を最優先して行います。**ROIが低ければ、上司にその仕事をやらないことを提言する。しかし、どうしてもしなければいけないのであれば、かける時間やコストを最小限にすれば良いのです。

コラム

フェルミ推定を使って、瞬時に判断した上司の話

リクルート時代、今から20年ほど前に広告制作の子会社に出向していた時のエピソードです。その当時の上司とのやりとりで**「フェルミ推定はすごい」**と体感したことがありました。

この子会社では、たくさんのアルバイトを募集していました。それと同時に、別の部署では仕事がなくなったのでアルバイトに辞めてもらうことも少なからずありました。すると、ある部署でアルバイトの募集をしているのに、別の部署でアルバイトに辞めてもらっているということが起きていました。全社という視点で考えると、何だか非効率に思えたのです。

私は、この子会社の本部組織にいたので、この事実に気づいていましたが、現場は自分たちの組織のことしか分からないので、気づいていません。

この非効率性を改善するために何かできないかと考えました。それには、**ある部署で辞めるアルバイトを、新たに募集が必要な部署に異動してもらえばよい**のです。

それができれば、会社もアルバイト個人もメリットがあると考えたのです。会社にとっては、採用コストも導入・教育コストも削減できます。アルバイトも、途切れなく働けますし、新たに会社のことを知る時間を削減できるメリットがあります。

ただ、少し考えてみると分かるのですが、必要な職種によってアルバイトに求められるスキルが異なります。また、ある部署でアルバイトが必要なタイミングと別の部署でアルバイトが辞めるタイミングが異なるケースが大半かもしれません。つまり、職種とタイミングを合わせられるか、という課題は残りそうでした。

ただ、そうだとしても、大量にアルバイトを採用していましたので、採用コストや教育コストなども考えると無駄にしているコストはかなりある、とフェルミ推定できました。

そこで当時の上司である子会社の社長に提案しました。提案内容は次のようなものでした。働いているアルバイトのスキルや経験、入社日や退職予定日をデータベースに登録しておき、これを全社で共有する。それぞれの部署で新たにアルバイトを募集する際には、このデータベースを確認して、そこでマッチングしない場合のみ、新規のアルバイト募集を行う。これによる採用コスト、教育コストが削減できる、というものでした。

実際、これで年間数百万円のコスト削減ができるとフェルミ推定できました。そこで私は自信満々に上司へ提案を行いました。

この提案に対する私の上司であった子会社の社長の回答は、次のようなものでした。

「良い提案をありがとう。確かにこの方法でこの問題は解決できる。実際、昨年のデータでいうと数百万円のコスト削減ができる。ただし実際は、**作成するデータベースの維持・保守に想像以上にコストと労力がかかる。**特にアルバイトのデータ更新には少なくとも毎月1人分以上のコストが必要になる（とその場でフェルミ推定しました）。これで年間数百万円はかかる。特に働いているアルバイト社員の情報をデータ入力する部署と、そのデータにより採用コストを削減できる部署が異なるので、**アルバイトの情報を入力するモチベーションも上がらない。**結果、新たなコストが発生するので、今回見積もった経済的な成果のすべては得られない。

今回のケースに限らず、問題を解決すると新たな問題が生まれることが大半。今回のケースではデータの維持保守に想像以上のコストがかかるという問題が起きる。だから放置しておこう」

私の提案に対して、ものの数分でフェルミ推定して、「やらない」と回答したのです。**「問題を解決すると新たな問題が発生する。その問題を解決するコストも含めて考えないといけない」**というアドバイスとフェルミ推定のパワーをまざまざと感じた事例でした。

売上アップ5％は、利益何％に貢献するのか

さて、今回のケースに戻りましょう。お題は「現在の営業人数のままで売上を5％アップできないか」です。月間売上1億500万円でしたので、5％ということは約500万円の売上アップです。この500万円とはどのようなReturn（成果）なのでしょうか？

たとえば次のように考えることができます。売上に関しては5％アップですが、**利益についてはどの程度の寄与があるでしょうか**。ざっくりとフェルミ推定してみましょう。

たとえば、今回の商品の原価率が30％、販売管理費率が60％だと仮定すると、結果としての営業利益率は100％－30％－60％ですので10％となります。この情報をこの営業組織に当てはめると、売上高約1億円ですので、現在の**営業利益は1億円×10％＝1000万円**と計算できます。

今回の施策では、営業人数は増やさないことが前提でしたので、少し都合が良いですが、極論ですが、販売管理費は変化しないと考えても良いかもしれません。つまり、何らかの施策がうまくいき500万円の売上が増加した場合、原価率が30％ですので、500万円×30％＝150万円の原価がかかります。しかし、販売管理費はかからないと仮定すると、500－150＝350万円の営業利益が増えることになります。ということは、現在の営業利益が1000万円です

ので、今回の施策により1000万円＋350万円＝1350万円と、**利益は35％（{1350÷1000}−100％）増加すると推定できます。**

販売管理費が全く増えないのは、さすがに都合が良すぎるので、販売管理費率である60％の半分の30％は増加すると仮定した場合も計算してみましょう。

500万円の売上が増加した場合、原価については先ほどの前提と同じなので500万円×30％＝150万円の原価がかかります。一方で、販管費は売上に対して30％だけかかると仮定したので、500×30％＝150万円の販管費が増加することになります。結果、500−150−150＝200万円の利益が増えることになります。ということは、現在の営業利益1000万円が、1000万円＋200万円＝1200万円と、**利益は20％（{1200÷1000}−100％）増加すると推定できる**のです。

今回の**5％の売上アップ≒500万円の売上アップを今の営業パワーで実施するという施策は、成功すれば、利益が20％から35％程度と大幅に増える可能性がある施策**だとフェルミ推定で分かりました。すると、今回の施策は重要だと判断しても良いのではないでしょうか。

ただし一つだけ確認しておくことがあります。つまり、ROIのI（時間やお金）です。分子の

Rが大きくても、検討や施策にかかる時間やお金が膨大であったら意味がありません。反対に、**施策検討する時間が少なく、成果がきちんと出れば出るほどROIは高くなります。**この観点も忘れずにチェックするようにしましょう。

顧客数のヌケ・モレ・ダブリを防ぐには

32ページで仕事を「因数分解」することで、人が持てる程度の荷物の大きさにすることが重要だと述べました。ここでは、ROIの分子（Return）にあたる売上を因数分解して、売上拡大のポイントを見つけてみましょう。そうすることで、具体的な施策のイメージも湧きやすくなります。その際のチェックポイントを見ておきます。

まず、売上を因数分解する際の基本的なポイントを押さえておきましょう。**図9**を見てください。**売上＝単価（Price）×数量（Quantity）**と表現できます。2項目に因数分解したわけです。

この数量（Quantity）を取り扱う際には、気を付けておかないといけないポイントがあります。それは、この数量（Quantity）が「個数」の場合と「顧客数」の場合の違いです。次のような「問題」で考えると、「個数」と「顧客数」の違いが明確になります。

ある商品Aを販売している会社があります。

問題①　商品Aが4月に10個、5月に10個、6月に20個売れた場合、4月から6月の四半期での**販売個数**はいくつですか？

正解は、4～6月の販売個数＝10個＋10個＋20個＝40個です。簡単ですね。

問題②　同じく商品Aを取引してくれた会社数は、4月10社、5月10社、6月20社の場合、4月から6月の四半期での**取引顧客数**は何社ですか？

問題①と同じく4～6月の取引社数＝10社＋10社＋20社＝40社でしょうか？

単純に取引社数を合計した「延べ社数」は40社になります。

しかし、商品Aの特性によりますが、商品Aは、**顧客が複数回購入する性質の商品**の場合もあります。具体的には、ある会社が、4月に商品Aを購入し、再び翌月にも購入するというようなケースです。すると、ある取引先会社が4月に1社、5月に1社カウントされていますので、実

図9　因数分解すればするほどイメージしやすい

売上＝単価（Price）×数量（Quantity）

＝新規売上＋リピート売上

＝新規単価×新規数量
＋リピート単価×リピート数量

＝新規単価×新規営業量×受注率（CVR）
＋リピート単価×リピート営業量×受注率（CVR）

※ CVR（Conversion Rate：営業した顧客のうち購入に至った割合）

際の取引社数を計算する際には、4月と5月にダブルカウントしてしまう可能性があります。そう考えると、問題②の正解は、現在の条件だけでは回答できないことが分かります。

そこで、**問題②の取引社数を最大から最少の取引社数の幅で答えてみましょう。**取引社数が最も多い場合は、何社でしょうか？　それは、4月の10社、5月の10社、6月の20社に1社もダブりがない場合です。単純に3カ月分を足して40社になります。

それでは、逆に最も少ない社数の場合は何社になるのでしょうか？　6月に20社取引があるので、この数字より小さい可能性はありません。最も取引社数が少ないのは、この20社の企業のうちの10社がそれぞれ4月、5月に商品Aを購入した場合です。よって、最も取引社数が少ない場合は20社になります。つまり、問題②の現在の情報からの回答は「20社以上40社以下」になります。

営業戦略・戦術を考える際に、現在の取引社数が20社なのか、40社なのかは大違いです。たとえば1社あたりの取引額を計算することを考えてみましょう。**1社あたりの取引額＝「売上÷取引社数」となりますので、取引社数が20社と40社では、数値が2倍違います**。営業戦術を考える際も、現在20社の顧客基盤があるのと、倍の40社の顧客基盤があるのでは、前提が異なります。

つまり問題①のように販売できた商品個数を計算する場合は、単純に合算すればよいのですが、顧客数を計算する場合は、確認が必要なことを覚えておいてください。

どうしてわざわざこのようなことを強調しているのかというと、**ＥＸＣＥＬのような表計算ソフトの特徴に引っかからないようにしてほしい**からです。表計算ソフトで、単純に数値集計をすると、顧客数であっても商品個数同様に単純に合算してしまいます。これが、後工程で問題になるケースがあるのだということを覚えておいてほしいのです。

因数分解をする際に、顧客数の計算には気をつけるという前提を理解したうえで、人が持てる荷物の大きさにするために、「何でも因数分解する」ことをしていきます。数字は特に因数分解が容易です。

65ページの**図9**のように売上＝単価（Price）×数量（Quantity）＝新規売上＋リピート売上＝新規単価×新規数量＋リピート単価×リピート数量となります。分解すればするほど、荷物の大きさが小さくなり、具体的な施策検討がイメージしやすいのではないでしょうか？

コラム

成果を出す人は「後ろから」考える

49ページの図7で挙げたケーススタディは、「数字」について様々な重要ポイントが学べる優れものです。一例を挙げると、**「自分自身の数字に対するタイプ」**が分かるのと同時に、**「数字を扱うときに気をつけてほしいこと」**も分かり、さらに**「Speed is Power」の典型的な手順**も学べます。

図7の表を見せたうえで、「5%売上アップする方法がないか提案してほしい」という問いを投げかけた時、過去の受講者は、次の4タイプに分かれます。

A「すぐに分析を始めるタイプ」

B「まずデータが正確なのかを考えるタイプ」
C「シナリオ（仮説）を考えるタイプ」
D「どうしてよいかわからないタイプ」

あなたはどのタイプに近いでしょうか？

数字が比較的得意だと思っている方に多いのが、A「すぐに分析を始めるタイプ」です。表や数値を見ると無条件に計算をし出すのです。すぐに着手するのでスピード感もあります。まさにSpeed is Powerを体現しているようです。そう考えると、あまり問題がないように思えます。

しかし、本当に問題がないのでしょうか？　他のB、Cのタイプと比較すると、このA「すぐに分析を始めるタイプ」の問題点が浮き彫りになってきます。

たとえばB「まずデータが正確なのかを考えるタイプ」。Bタイプの人は、真っ先に与えられたデータが正確なのかを確認します。

具体的に確認するポイントをいくつか挙げてみましょう。

数字の桁数は妥当でしょうか？　今回のデータで組織あたりの月間売上が1，120万円から3，900万円ですが、桁数は合っていますか。特殊なケースかもしれませんが、リクルートは単位を億円、万円で表記することが多かったのです。しかし、一般的には千円、百万円でカンマを入れます。他社から転職してきた人は、これを勘違いして桁数を間違って表記するケースもありました。

今回、一営業組織の月間売上が千万単位というのは、実態の桁数と同じでしょうか？　その正しさを確認してから分析に入る必要があるということです。


今回のケーススタディとは直接関係ありませんが、日本の平均年収のデータを使って分析する場合、渡された年収データの単位が「千万円単位」や「十万円単位」のデータであれば、それは間違っている可能性があります。ちなみに日本の平均年収は、４２２万円（平成28年度）。ざっくり４００万円です。このような数値を感覚的に知っていると、与えられたデータが正しいかどうかをチェックする際に役立ちます。

平均年収が４２２万円だということは、月収換算すると30万円〜40万円程度。それなのに月額１００万円以上や10万円台の数値を渡されたら、データそのものに間違いがあるか、データに特定の偏りがあることが想定できます。


あるいは、構成比やシェアの数値に矛盾はないでしょうか？

出所は確かでしょうか？

これ以外にも、自分の経験や知識から考えて、おかしな数値はないのか、まずは確認します。このようなほんの少しの事前チェックはとても重要です。

Bタイプの人は、正しくないデータを分析する無駄や間違いを良く知っています。不確かなデータを分析した場合、その時間はまったく無駄になります。ましてや、その分析結果で何らかの判断をすると大きな間違いを起こしてしまう可能性もあります。

ということで、「数字の読み方・考え方」講座の冒頭では、**データを与えられたら、まずそのデータが正確なのか確認する習慣をつけることをアドバイスしていました**。

「まずデータの正確性を確認」する。とても大事なのですが実施しない方が多いのです。これを機会にぜひデータが正しいかどうかを確認する習慣をつけてください。

それでは、Bタイプのようにデータの確からしさを確認しました。その次に何をすれば良いのでしょうか？　答えはC**「シナリオ（仮説）を考えるタイプ」**にあります。

A「すぐに分析を始めるタイプ」のようにやみくもに作業を始めるのではなく、Cタイプは、**分析のシナリオを作成してから作業を行っています**。

「シナリオ」とは、仮説、つまり現時点での確からしい答えのことです。間違っていても構わないですが、検証もしくは反証（間違っていると検証）できるものです。

図10　「前からやる」と「後ろから考える」

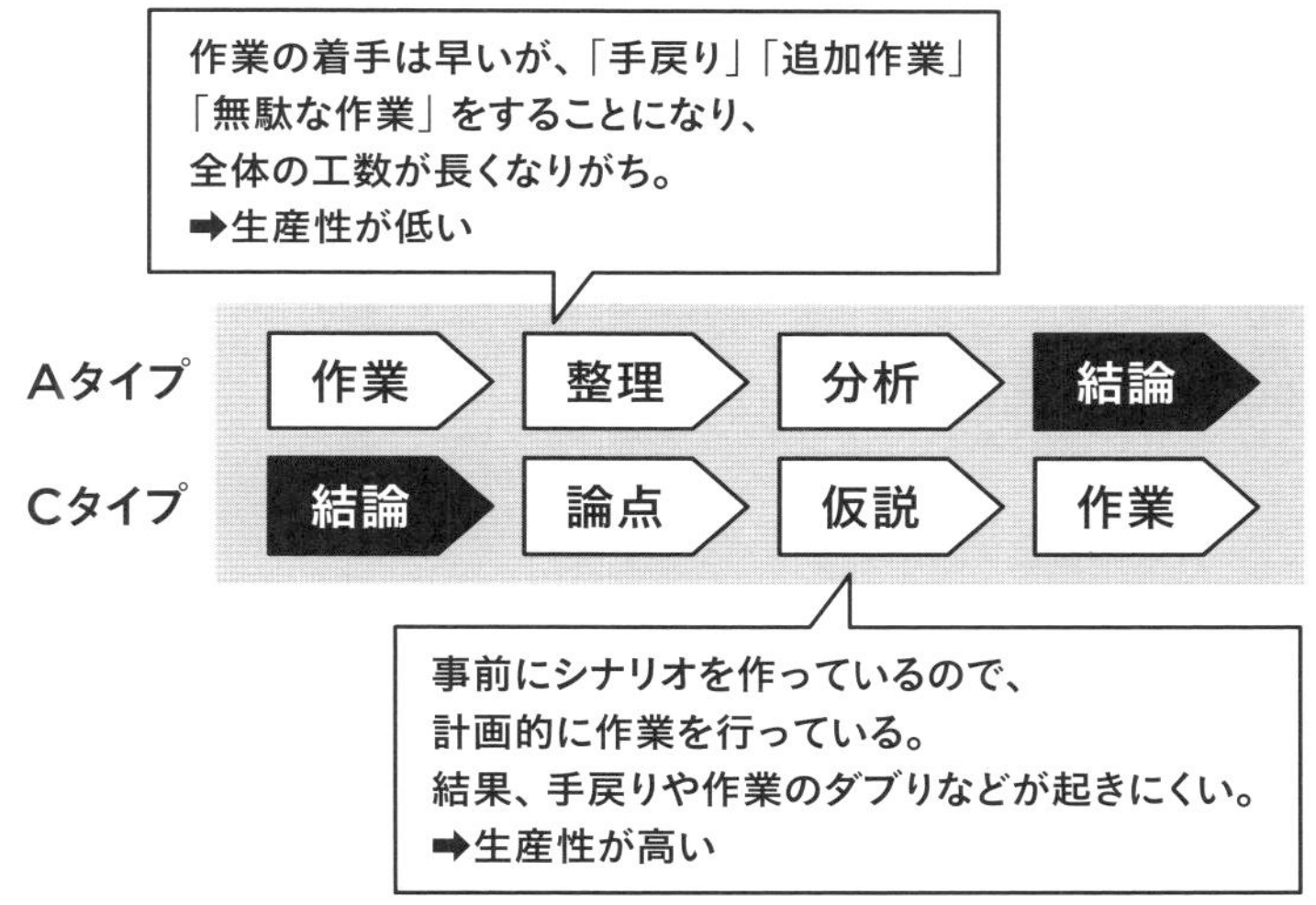

私は、何か仕事をする際に、**「最高の未来」を妄想して、この仮説を考え出します**。イケテイルシナリオ（仮説）を思いつくとワクワクします。仕事の成果の大半は、このシナリオ（仮説）を思いつけるかどうかの影響が大きいと感じています。

図10にAタイプとCタイプの作業のフローを比較しています。私はAタイプのようにすぐに作業に取りかかるタイプを「前からやる」タイプと呼んでいます。

一方のCタイプのように、最終的な成果をイメージしてシナリオを作ってから作業に入るタイプを**「後ろから考える」タイプ**と呼んでいます。

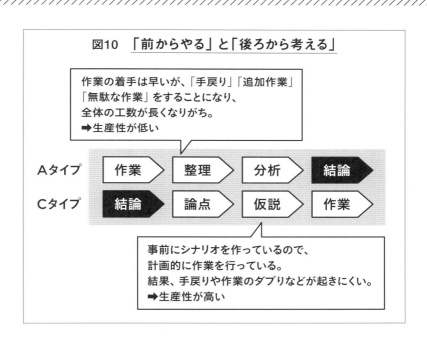

2つのタイプを比較すると、Aタイプは作業の着手は早いのですが、結局「手戻り」「追加作業」に加えて「無駄な作業」をしているので、全体の工数（かかる時間）が長くなりがちです。結果、生産性が低くなるのです。

一方のCタイプは事前にシナリオを作っているので、**そのシナリオに合わせて計画的に作業を行います**。結果、手戻りや作業のダブりなどが起きにくくなるのです。

今回の図7のようにシンプルな表からの分析であれば、タイプAもタイプCも差異は少なく、大きな問題にはならないでしょう。しかし、これが少し複雑なデータ分析が必要な場合であれば、その差はてきめんに表れるのです。

「前からやる」と「後ろから考える」。詳しく知りたい方は、こちらの記事をご覧ください。

https://www.businessinsider.jp/post-108611

最後のD「どうしてよいかわからないタイプ」の方は、この本を引き続き読んでください。そしてぜひ、B「まずデータが正確なのかを確認」したうえで、C「シナリオ（仮説）を考える」習慣をつけてみてください。この2つを意識するだけで、仕事の成果が上がります。シナリオ（仮説）の作り方については、次ページから詳述します。

3 仮説思考

比較して課題点を見つけだす

数字を取り扱う際の前提である「因数分解」「フェルミ推定で仕事のROIをチェックする」を理解したうえで、次に「シナリオ（仮説）を作成」します。シナリオ（仮説）とは、どのように分析をして、どのような結論を考えるのか手順を考えるということです。

シナリオを考える際にヒントになるのが**「比較」**です。そのために、比較する対象物を探します。

それでは、再び「現在の営業人数のままで売上5％をアップさせる」ケース**（図7）**を題材に比較について考えてみましょう。

まず紙を準備します。そして比較するものを上下あるいは左右に書いていきます。思いついた

図11　複数の仮説を持ち、様々な観点から比較する

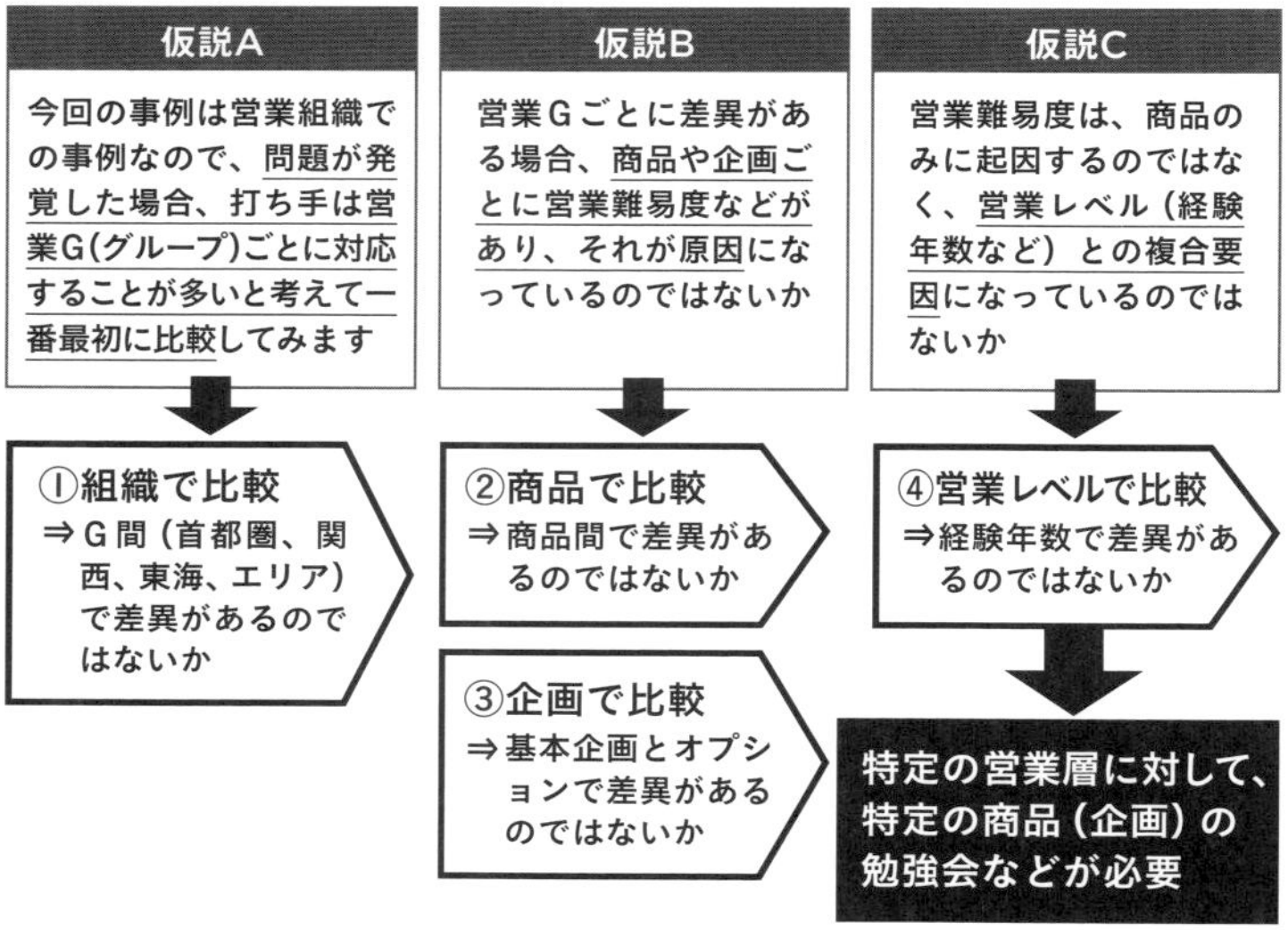
仮説A
今回の事例は営業組織での事例なので、問題が発覚した場合、打ち手は営業G（グループ）ごとに対応することが多いと考えて一番最初に比較してみます
仮説B
営業Gごとに差異がある場合、商品や企画ごとに営業難易度などがあり、それが原因になっているのではないか
仮説C
営業難易度は、商品のみに起因するのではなく、営業レベル（経験年数など）との複合要因になっているのではないか
①組織で比較
⇒G間（首都圏、関西、東海、エリア）で差異があるのではないか
②商品で比較
⇒商品間で差異があるのではないか
③企画で比較
⇒基本企画とオプションで差異があるのではないか
④営業レベルで比較
⇒経験年数で差異があるのではないか
特定の営業層に対して、特定の商品（企画）の勉強会などが必要

順に書いていくのも良いのですが、いくつかの軸（カテゴリー）を想定してから、記入していくと、ヌケ・モレ・ダブリを防げます。たとえば、**「社内」「社外や市場」「時間」**などの軸が挙げられます。さらに細かく分類すると、「社内」では、同じような組織同士を比較する、営業担当の年齢や階層で比較する、エリアごとに比較する、商品やサービスごとに比較する、などが考えられます。「社外や市場」では、市場の変化と比較する、同業と比較する。「時間」では、前年業績と比較する、「月間」や「週」ごとの売上と比較する、などが考えられます。**比較する軸をたくさん考えることが、良いシナリオを考えることにつながります。**

図11に比較表の例をまとめました。①組織間の比較（首都圏、関西、東海、エリア）、②商品間

の比較（商品A、商品B）、③商品企画の比較（基本企画、オプション企画）、④営業レベルの比較（ベテラン、若手）、⑤前年伸び率や⑥市場シェアの変化（本年5月、前年5月）などが考えられます。⑤のデータがあれば、経年で伸びているのかどうかをチェックできます。⑥のデータがあれば、同業他社との比較が可能になります。今回はデータ入手が最もシンプルな①〜④で分析しましょう。

最終的なアクションをイメージする

具体的な作業に入る前に、最終的なアクションをイメージします。最終的なアクションとは、今回のケースでは5月の営業組織の業績データの分析・考察を行い、上司から与えられたお題である**「同一人数で5%の売上アップ」を実現する具体的な施策を提案すること**です。

そこで少しデータを眺めてみましょう。77ページに**図7**を再掲します。どのようなことが分かるでしょうか。たとえば、表を見ると各組織の名前の横に⚑が立っています。これはリクルートでは、目標達成していることを表現しています。つまり東海を除くすべての組織が目標達成しています。この結果に上司も満足しているという話をしていました。そこから想像すると、**「営業組織全体」で課題、つまり売上5%アップの「伸びしろ」がある可能性は低いかもしれません。**ここまでは、容易に想像できます。

その中でもし課題＝「伸びしろ」があるとすると、**「全体」ではなく「部分」です**。たとえば、特定の営業担当群×特定の商品群に課題＝「伸びしろ」がある（たとえば注力商品群があまり売れていない）というケースです。

もしもこれが正しい場合、どのような施策を実施すれば売上アップが見込めるのでしょうか？少しでも営業経験がある人であれば、**「特定の営業担当群×特定の商品群についての勉強会をして営業力の底上げをする」**ことが思いつくかもしれません。

では、勉強会を具体的に実行することをイメージしてみましょう。把握すべき具体的な情報としては「誰に」「何を」「誰が」教えるのかということです。

勉強会の受講者となる、特定の営業担当群とは、どこのエリアのどのような人たちなのか？
特定の商品群とは、どの商品のどのような企画なのか？
これらの組み合わせの講師として誰が適切なのか？

これらを把握できれば、勉強会の詳細を設計できます。

このようなシナリオを前提に考えると、①営業組織間の比較（首都圏、関西、東海、エリア）、②商品間の比較（商品A、商品B）、③商品企画の比較（基本企画、オプション企画）、④営業経験の比較

（再掲）

図7　エリアごと、商品ごとの営業成績

単位：万円

	達成状況	合計	商品A	商品B
首都圏	🚩	3,800	2,150	1,650
関西	🚩	1,680	1,140	540
東海		1,120	700	420
エリア	🚩	3,900	2,850	1,050
合計	🚩	10,500	6,840	3,660

※「エリア」とは、北海道、東北、北陸、甲信越、中国、四国、九州などを指す

（ベテラン、若手）の4つの比較の作業の順番がイメージしやすくなります。

これでシナリオの土台が作成できそうです。まず①営業組織間の比較（首都圏、関西、東海、エリア）を行います。これは、最終的な打ち手を「勉強会」とした場合、**地域ごとに勉強会をすることができれば効率的だと考えられるから**です。ですので、まずはどのエリアに課題があるのか絞り込みます。

続いて、②商品間の比較（商品A、商品B）を行い、A、Bどちらの商品に問題があるのかを絞り込みます。これも、前述したように勉強会をして営業力の底上げをする場合、**商品A、商品Bのどちらの商品企画担当者を勉強会の講師として呼べばよいのか、目星をつけることがで**

きるからです。

さらに③**商品企画の比較によってのどちらの商品に問題があるのかを絞り込むことができれば、営業ノウハウのどの部分を強化すれば良いのかが分かります。**今回の例では、基本企画とオプション企画とを分類しています。基本部分が売れているのかどうか、基本企画にオプション企画を付加して売れているのかどうかにより、打ち手が異なるからです。基本企画についての課題であれば商品全体の課題である可能性があります。つまり、営業組織だけではなく、商品企画を巻き込んで課題解決の必要が出てきます。

一方で、基本企画は売れているけれど、オプション企画が売れていないケースではどうでしょうか。もちろん、このケースでも、顧客が基本企画だけで十分満足できるので、「オプション企画に魅力がない」という商品側の問題であるケースもあり得ます。一方で、営業組織の側がオプション企画を付加してのアップセリング（ランクの高い製品・サービスを販売する）能力が不足しているケースもあり得ます。つまり、どちらのケースもあり得ます。また、商品、営業の双方の問題がある場合も考えられるのです。

そこで最後の④**営業経験の比較（ベテラン、若手）をすることで、営業年数に問題がありそうなのか、目星をつけるための分析を行います。**ここでは、営業担当者をベテラン（当社での営業経験が長い）と若手（当社での営業経験が短い）に分類して、両者を比較しています。両者の営業成績に大きな差異がない場合、商品側の問題であると分かります。両者の営業成績に差異があり、若手が販売できていないケースでは、**オプション企画の営業にある程度のノウハウが必要であり、若手への勉強会を実施することで、底上げができる可能性**が想定できます。逆にベテランの販売ができていないケースであれば、**ベテラン営業担当のオプション企画への意識の問題**なども想定できます。

つまり①営業組織→②商品→③商品企画→④営業経験の順番に比較分析するだけで課題＝「伸びしろ」が特定できるのです。

今回は営業組織内での話でしたので、①→②→③→④の順番でした。同じ分析でも、たとえばこれが商品企画部門内での分析であれば、②商品→③商品企画→①営業組織→④営業経験の順番が適切です。**なぜなら、最終的な打ち手は、自組織内でコントロールしやすいことを優先した方が良いからです**。商品企画部門内であれば、商品、あるいは商品企画の何らかの改善が可能です。ですので、分析も商品関連から考えるのが手順となります。

もちろん、商品側に大きな問題がなければ、特定の営業チャネルの問題ですから、後半で営業組織について分析を行うことになるというわけです。

必要なデータを集めるには

さて、これで分析に必要なシナリオはできました。しかし、まだすぐに作業に入るのではなく、必要なデータが何で、これらをどうやって集めるのかを考えます。

今回の例では、営業担当を経験年数などでベテラン、若手（ジュニア）に分類することが必要ですが、実際の場面では、ベテラン、若手（ジュニア）を厳密に分ける定義はないかもしれません。その場合は、営業経験年月のデータを入手し、営業担当順にその期間が長い順に並べた表を作るとよいでしょう。そして、ちょうど人数や売上が半分になるところを基準にして、その上下でベテランと若手（ジュニア）に分類するのが1つの方法です。

ところが、営業経験のデータが入手しづらいケースも想定されます。入社や職種変更のデータは人事が把握していて現場にデータが共有されていないようなケースです。実際、最近はHRテックが叫ばれますが、分析に必要なデータが現場にない会社も少なくないようです。

その場合は、**営業担当を売上順に並べて、累計の売上で半数になるところで、2つに分けることで「代替」します。**これは、実際はベテラン、若手ではなく、売れている営業担当をベテラン

図12　経験年齢など必要なデータを集める

平均	人数	売上平均	商品A 平均	商品B 平均
首都圏	10	380	215	165
関西	6	280	190	90
東海	4	280	175	105
エリア	15	260	190	70
全国	35	300	195	105

＼この順番がポイント／

STEP1
仮説
STEP2
データ収集

			1営業担当あたり					
		人数	商品A 計	基本 企画	オプション	商品B 計	基本 企画	オプション
首都圏	ベテラン	5	260	160	100	200	150	50
	ジュニア	5	170	120	50	130	100	30
関西	ベテラン	2	230	150	80	150	100	50
	ジュニア	4	170	120	50	60	50	10
東海	ベテラン	2	200	120	80	140	100	40
	ジュニア	2	150	100	50	70	60	10
エリア	ベテラン	5	230	150	80	110	80	30
	ジュニア	10	170	120	50	50	40	10

と仮置きしているだけです。実際には上位からベテランと若手（ジュニア）の合計売上がおおよそ同じになるように分類するのです。

どちらにしても、比較する2つの集団の人数や売上が大きく異なると分析に意味がなくなってしまいます。今回は**図12**のように売上をベースに2つにグルーピングして話を続けることにしましょう。

分かりやすく説明できると、聞き手は態度変容しやすくなる

これ以降は、グラフを活用した上司への見せ方の工夫について説明します。もし上司が数字に強くて、ローデータを見て理解できる方であれば、これ以降の部分は不要です。ただ、必ずしもそのような人は多くないので、上司に説明する際の分かりやすいグラフの作り方を紹介します。

図13をご覧ください。このグラフは①営業組織間の比較のグラフです。比較する軸を個人あたりの平均売上で見ています（※）。

数字が必ずしも得意ではない上司に対して、上手に伝えるためのポイントは3つです。

1つめは、一番上の**「タイトル部分に最も伝えたいこと」**を書くことです。今回の事例では、「Gごとに平均売上に差がある」と書きました。これであなたが、このグラフで伝えたいことが明確になります。ところが、タイトル部分を「G《グループ》ごとの平均売上」などと表記すると、同じグラフなのに、上司は、グラフから何を読み取ればよいのか考え出すのです。すると、その上司が数字に強くても弱くても、あなたが伝えたいことと別の解釈を行うかもしれません。いったん別の解釈をした人の考えを修正するのは、手間がかかります。

図13　伝えたいことを強調したグラフ

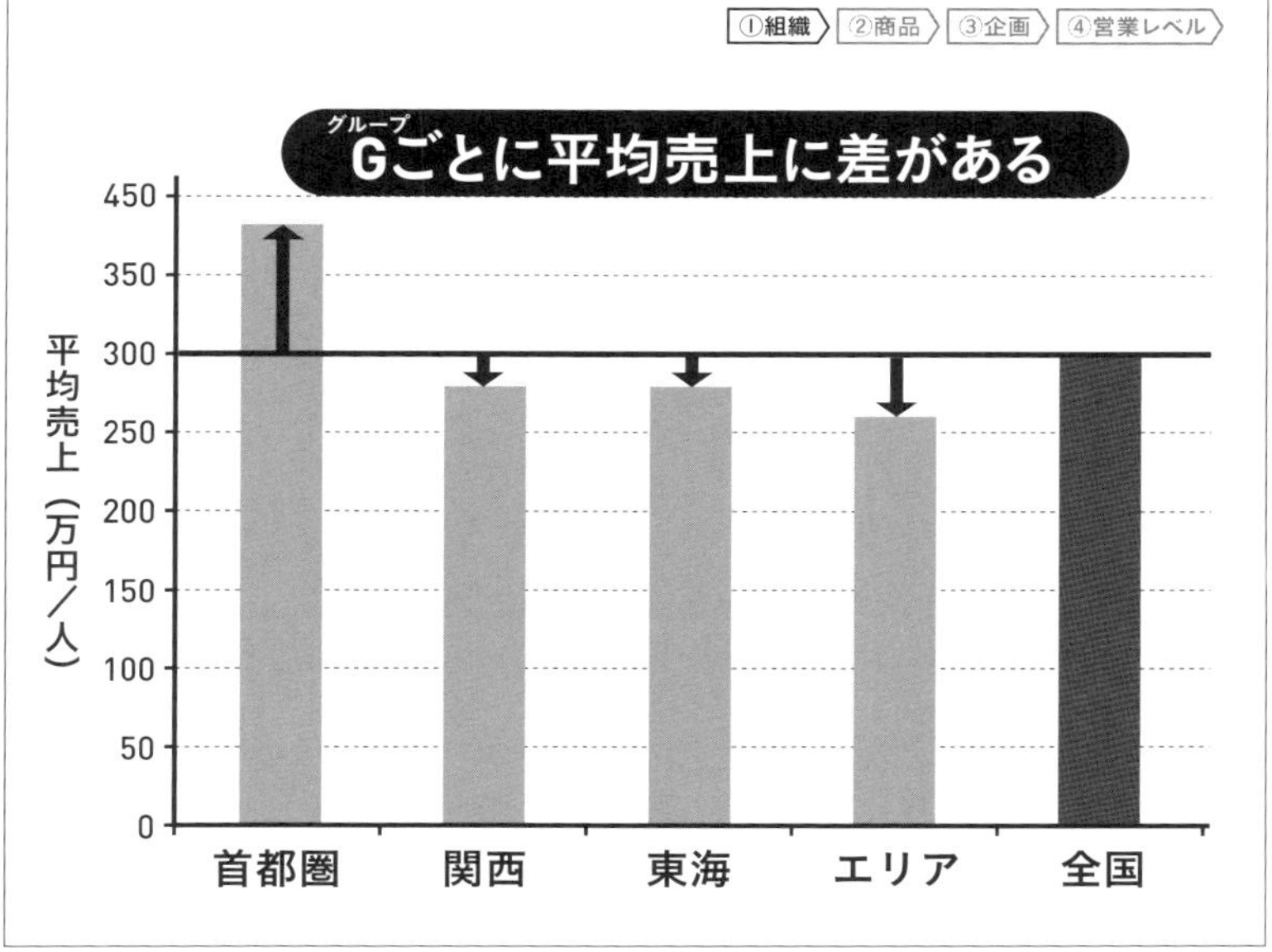

一方、グラフに「Gごとに平均売上に差がある」というタイトルをつけると、上司は、グループ売上に差があるのだという前提で、グラフを見ます。解釈の余地は、「差はどれくらいか?」という点に絞られます。**タイトルを一般的な表記から、「あなたが伝えたいこと」に変更するだけで、伝わり方に大きな差が生まれます。**

2つめのポイントは**「比較対象を分かりやすく表示している」こと**です。このグラフでは、「全国平均の売上額（横軸の右端）」を比較対象としています。具体的には、全国平均の売上を示す棒グラフの上部から左右に線を伸ばし、この線を比較対象として想定していることを図示しています。これで上司は、私が何と比較しているのが簡単に理解できます。

3つめのポイントは、**見せ方の工夫**。全国平

図14　全国平均売上との差を強調したグラフ

①組織　②商品　③企画　④営業レベル

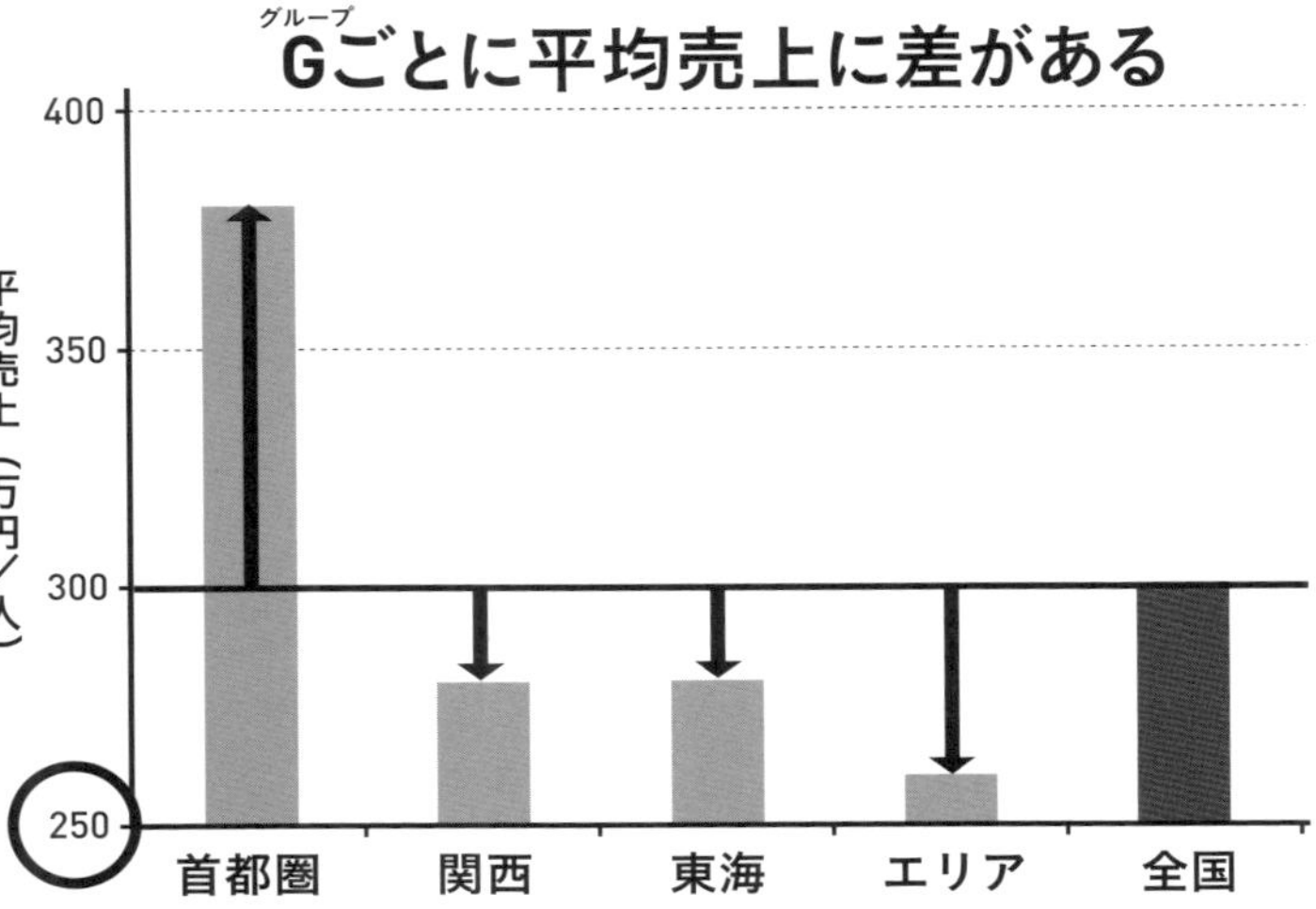

均の棒グラフの先から左右に棒線を加えていますが、その線と各エリアグラフの上下に矢印を加えて、**差異を強調**しています。

この2つめ、3つめのポイントにより一番伝えたい「Gごとに平均売上に差がある」ことが分かりやすく上司の頭に入っていきます。

図14をご覧ください。これはオリジナルの**図13**を一部改良したものです。具体的な違いは、縦軸の交点を0から250に変更したことです。これにより、**全国平均と比較対象の各エリアの差異が強調され、違いが分かりやすくなります。**

ただし、これらはあくまでも分析するあなたが「強調したい」時に使うテクニックです。何が言いたいかというと、実際は大して差異がないのに、差異を見せるために使うのは本末転倒だということです。相手（今回でいうと上司）を見せ方でだますようなことをしてはいけません。

わざわざこのようなことを書いているのは、ときどき表計算ソフトが自動設定でこのような差異を強調するグラフを作りあげてしまうケースがあるからです。そしてその結果、分析者自身が、そのグラフを見て、実際には差が小さいのに、差が大きいのだと勘違いしてしまうこともままあるのです。

これはグラフの見せ方による錯覚。つまり軸を変更させる時は、**「実際に差異があり、わかりやすくするために軸の変更を使用し強調する」**程度に利用に歯止めをかけておいた方が良いでしょう。

（※）平均で数値を見るのはざっくり全体像をつかむには良いのですが、本当は拙いこともあります。これについては97ページの「平均と分散」で触れますので、参考にしてください。ここでは話を簡単にするために平均を扱っています。

次の**図15**は、「グループごとに平均売上に差がある」理由が商品Aにあるのか商品Bにあるのかをチェックしています。

図15　グループ間の差は、商品Bにある

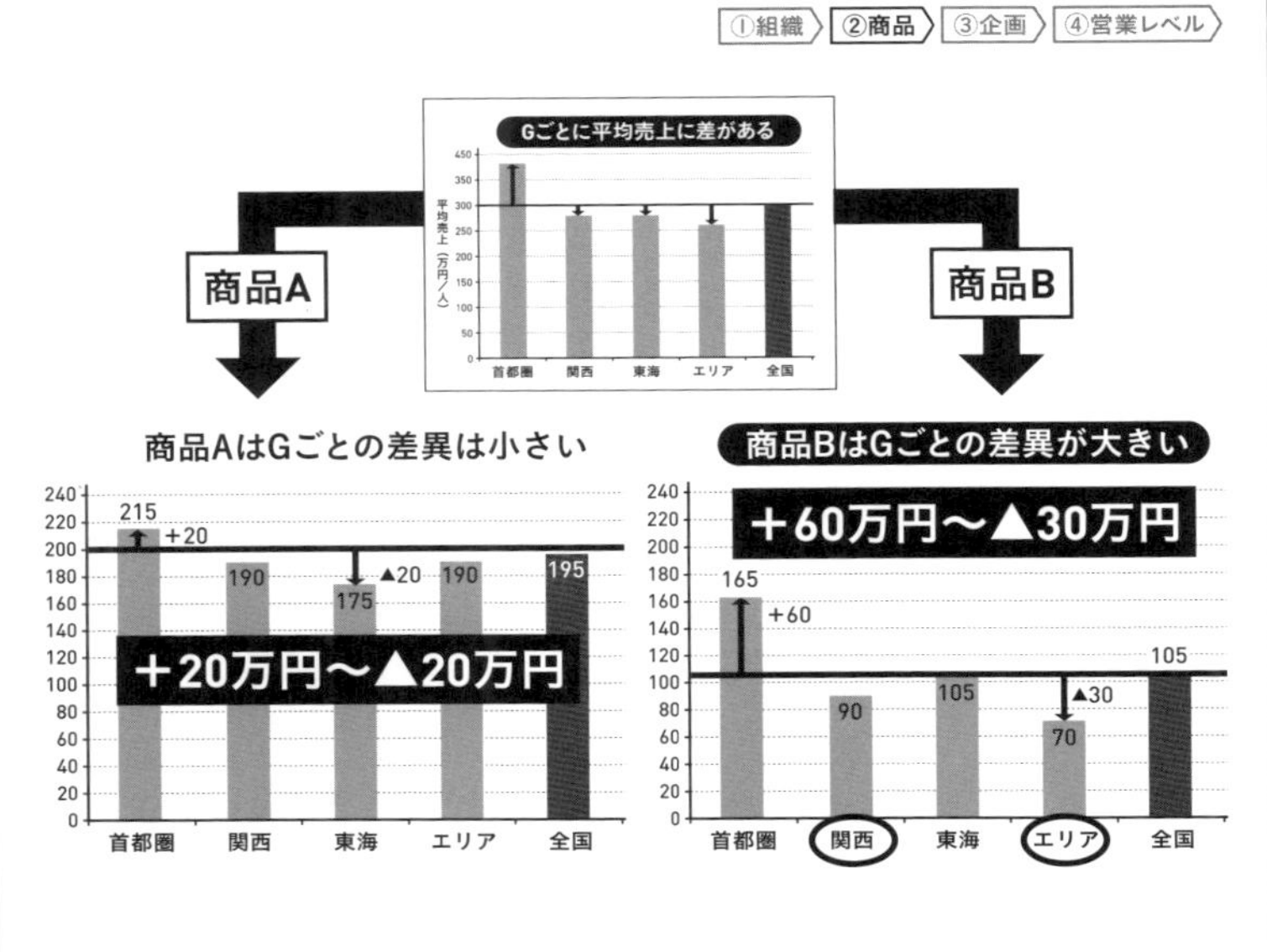

商品A、Bを、先ほどの**図14**同様にエリアごとの平均の比較で表示し、伝えたい内容をグラフの上部にそれぞれタイトルとして書いています。今回のケースでは、商品Aのグループごとの差異は小さいのですが、商品Bの売上の差異が大きいのが分かります。

この内容を強調するために、一番売れている組織と売れていない組織の平均値の差を**「＋60万円〜▲《マイナス》30万円」**と強調しています。これにより、グループごとの差異の問題は、商品B側にあるということを伝えられます。

図16は、基本企画とオプション企画のどちらに差異の原因があるのかを記しています。念のために、先ほど**図15**で問題がないと確認した商品Aも比較対象としています。これによると商

図16　グループ間の差は、商品Bの基本企画にある

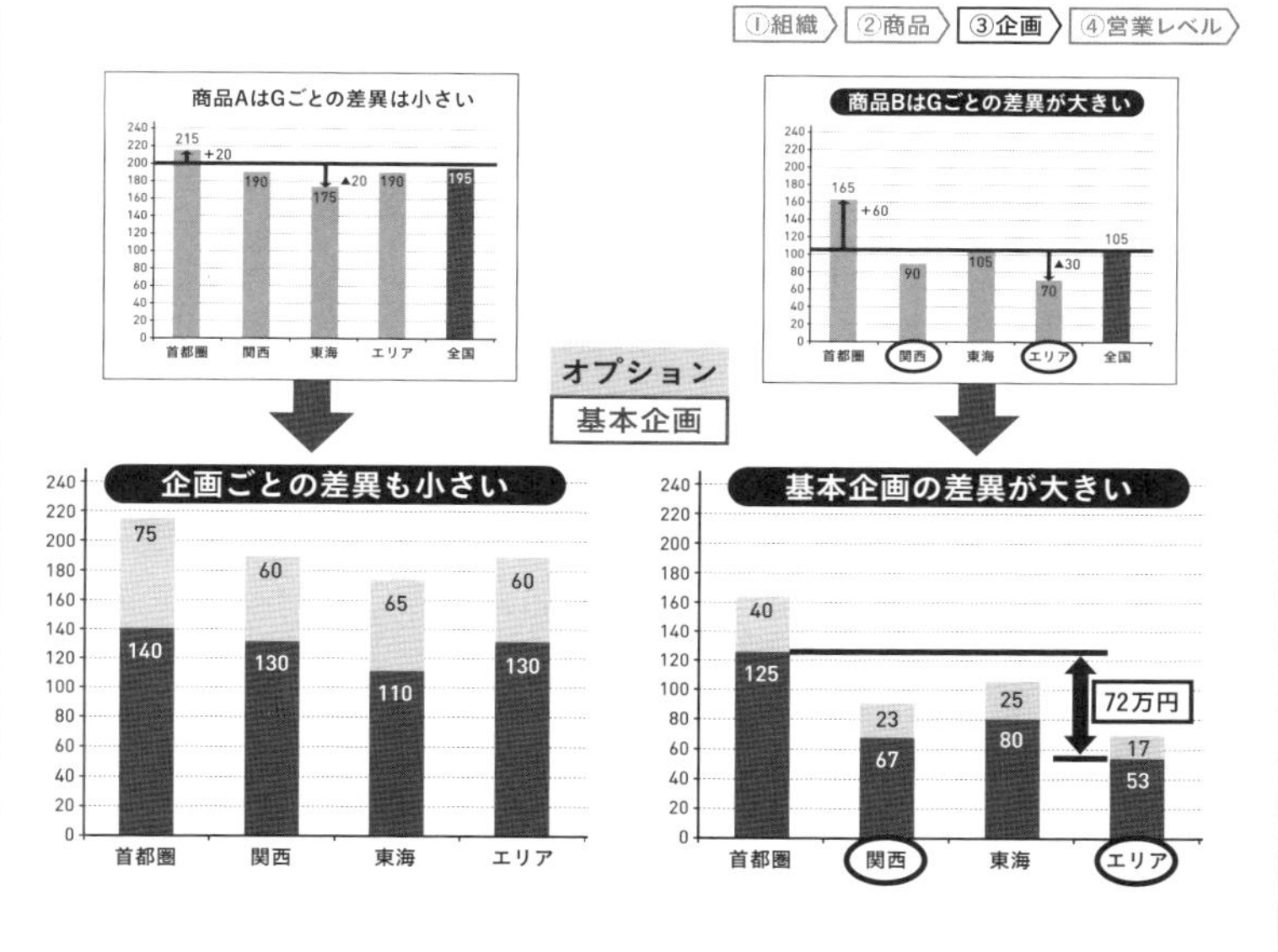

品Bの問題は、基本企画の売上の差異が原因であることが分かりました。

さらに88ページの**図17**では、商品Bについて、ベテランと若手（ジュニア）での差異を分析しています。同じく伝えたいことを強調しています。このグラフを見ると、どうやらベテラン、若手の問題ではなく、**関西とエリアで商品Bの基本企画の営業1人あたりの売上が低いことが原因である**ことが分かってきました。

ここまで分析できればしめたものです。当初の仮説通り、上司に対して、関西とエリアの営業に対して商品Bの基礎知識と販促のポイントについての勉強会を実施することを解決策として提案できそうです。

図17　グループ間の差は、商品Bにある

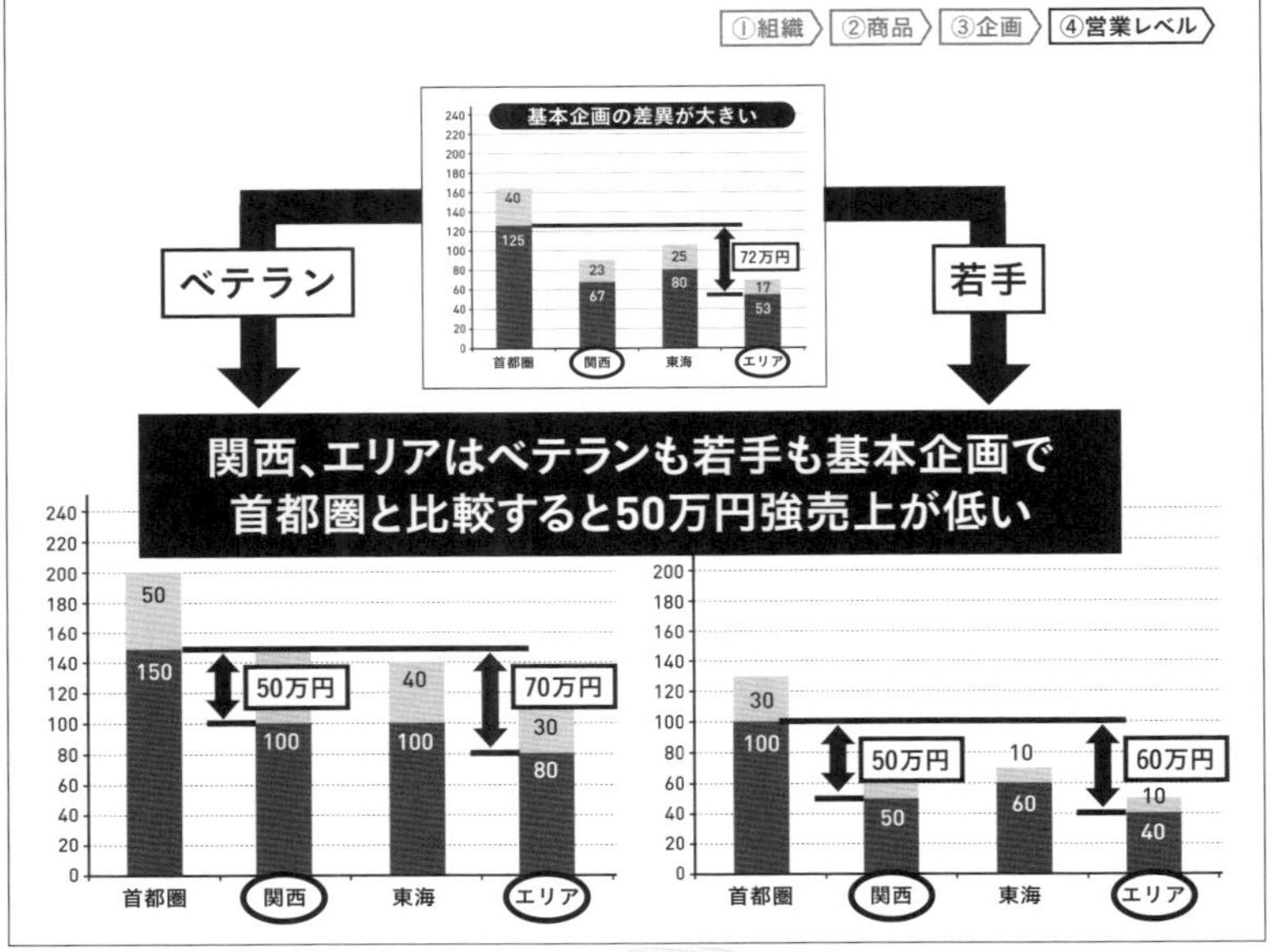

ただし、商品全体の問題、つまり営業側だけではなく商品企画側の問題である可能性が残っています。その場合も、この分析データを商品企画部門に提示することで協力も得やすくなると想定できます。結果、商品企画担当に勉強会の講師を依頼することも容易になるでしょう。

素早く報告できると、聞き手は態度変容しやすくなる

これまでの分析結果について上司から依頼を受けた翌日、遅くとも2、3日後に報告できれば、上司もかなり満足してくれるのではないでしょうか。

今回の分析で時間がかかるのは、シナリオ作成とベテラン、若手に分類するためのデータの入手ですね。基本企画とオプション企画のデー

タは当初のデータにはないですが、これは一般的には受注時に登録しているはずですので、入手は簡単なはずです。そう考えると、翌日、あるいは2、3日後に分析結果を報告するリアリティも高まるはずです。

一般的に**仕事の成果はＱＣＤで評価されます**。Ｑは成果物の品質、Qualityです。Ｃは投下したお金や時間などのコスト、Cost。Ｄは納期、Deliveryです。翌日、あるいは2、3日後というのはＤが短い、早いということ。**納品が早いと人は感動します**。Speed is Powerです。

反対に納期であるＤが遅い、具体的には、今回のケースで報告が1週間後、あるいは2週間後だった場合をイメージしてみてください。上司は、これだけ時間がかかったのだから、よほどの内容のレポートを上げてくるに違いない、と過剰に期待しているかもしれません。期待値が上がっているわけです。上司と「Ｑ（成果物の品質）の期待値」にズレがある、これはできれば避けたいですよね。

どうすれば避けられるのか？　案外簡単です。納期が遅い大半の理由は、実は、時間がかかったのではなくて、着手が遅れただけだからです。

繰り返しになりますが、納期が早いことは人を感動させます。

作業を始める前に上司とコンセンサスを得ておく

具体的な手を動かす作業をする前に、3つの準備をしました。

1つめは、上司からの指示が検討する価値があることの確認。2つめは、全体のシナリオの作成。具体的には、**「特定の商品×営業群の問題点」を見つけて、その勉強会を行うことで、売上5%アップを現在の営業パワーで実現すること。**3つめは、このシナリオを作成するためのデータ入手や手順などの段取りの確認。これらから全体のアウトプットを出すための工数も計算できます。

これらの準備に必要な時間は、慣れてくると数時間、おそらく1、2時間で可能になります。上司から仕事の依頼があり、1、2時間後に、この3つの情報をアウトプットできたとすると上司はどう思うでしょうか？　まさにSpeed is Power、あなたを「仕事ができる人」だと思ってくれるのではないでしょうか。

そう思ってもらえるポイントも3つあります。

1つめはこの事前の準備段階で報告できれば、単純に仕事が速い人だと思ってもらえます。

2つめは、上司の不安を払拭できます。**上司は、いつ報告が上がってくるのか気が気でない**のです。つまり、この段階で中間報告と工数に基づく納期を教えてもらえれば、安心できるのです。これも「仕事ができる人」だと思ってもらえるポイントです。

3つめは、この準備段階で上司とあなたが考えた段取りの方向性が異なれば、早期に修正できます。

すると、あなたは無駄な作業を省けます。上司も無駄な資料を見る必要がなくなります。お互いに幸せなのです。膨大な作業をしてから、それが無駄であったと分かるのは、お互いに不幸になります。それを避けられるのです。

ここまでお読みになられて「因数分解」「ROI思考」「仮説思考」のポイントが理解できたのではないでしょうか。本章の内容だけでも実践していただければ、十分に数字で考えられるようになっているはずです。

次章以降は応用編です。実践できれば、さらに数字を自由自在に使えるようになります。

第2章

数字の裏を読む

世の中の2種類のバカの話

学生時代、私は若さゆえ「何でも数字で分かる」と思っているきらいがありました。それは当時の若い理系学生にありがちな考えであったかもしれません。

そんな私たちに教授が戒めの言葉として教えてくれたのが、次の言葉でした。

「世の中には2種類のバカがいる。『数字で何でも分かると思っているバカ』と『数字では何も分からないと思っているバカ』。君たちはどちらのバカにもなってはいけない」

最初は意味が良くわかりませんでした。詳しく話を聞くと、教授が伝えたかったのは次のような話でした。数字で何かを表すには、その表したい事象を「モデル」として取り扱います。モデルというのはある意味、**物事を理想の状態であると仮定し、あるいは単純化した場合に成立します。**

ところが、私たちが実際に取り扱うのは、理想でも単純でもない実際の現象。つまり、そもそも「モデル」と「実際」には誤差があるのです。ということは、「理想化、単純化したモデルを前提に作成した数字で何でも分かる」というのは正しいわけがないのです。

しかし、一方、**正しくモデルを作ると7割くらいの実態をつかめる**というのも経験値から言えます。要するに、「数字では何も分からない」というのも正しいわけがない。恩師のアドバイスは、**最高のモデルを作るという努力をする前提で、それは完全ではないという恐れを常に持ちなさい**というメッセージだったのです。

そして、**残りの3割については、経験や知恵を足して補いなさい**ということだったのです。それを数字では表現できない、**「定性情報」**と表現しました。

教授の言葉を頭の片隅に置きながら、ビジネスの場面で、様々な方々を観察しました。すると想像以上に2種類のバカ、すなわち「何でも数字で分かると思っているバカ」と「数字では何も分からないと思っているバカ」が多いのです。

そして、どちらのバカもビジネスをうまく運営できていませんでした。

みなさんもぜひ覚えておいてください。正しく数字を使えば7割程度の真実を把握でき、残りの3割は定性情報で補うことができるのです。

第2章で解説する3つの考え方

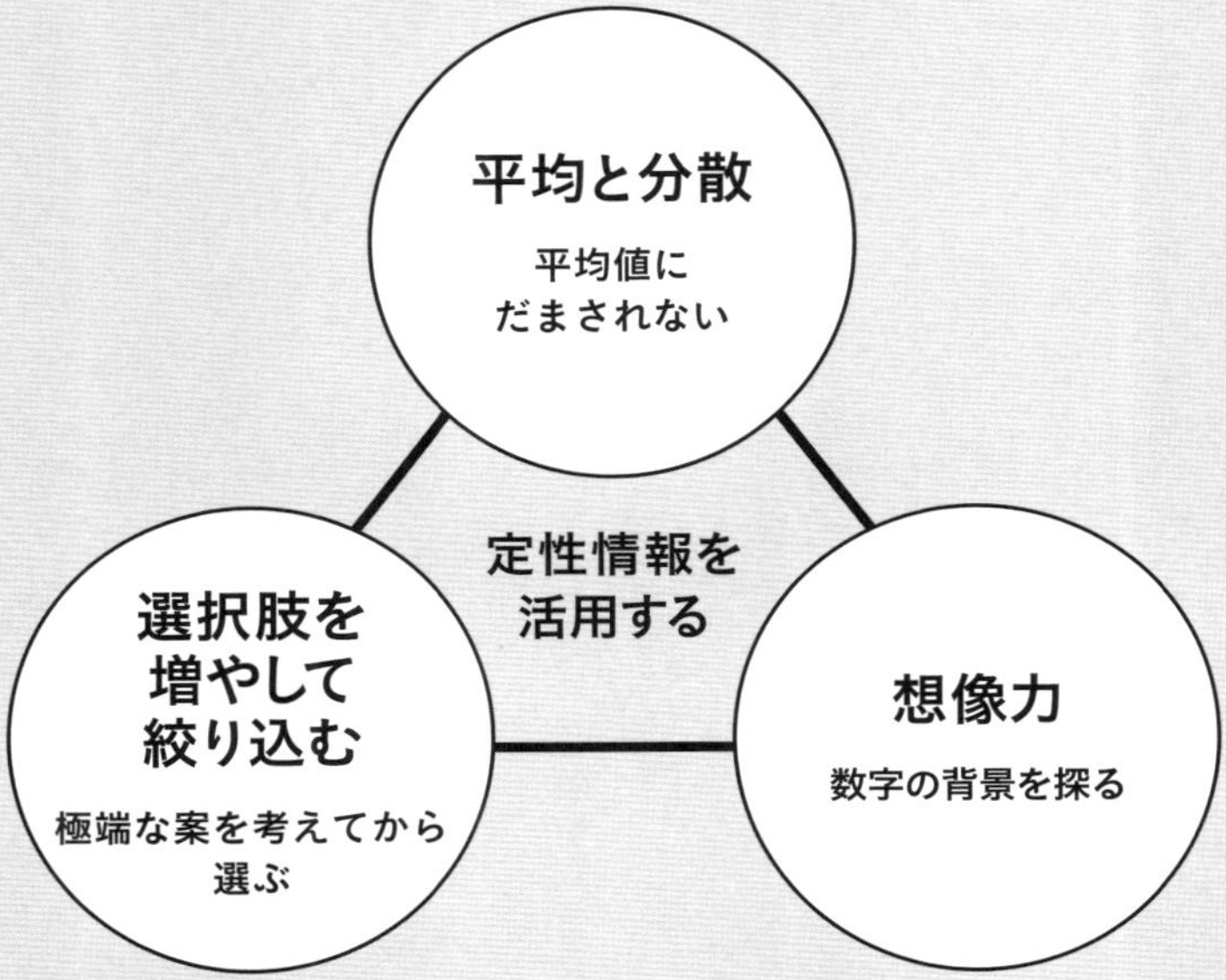

決して、「数字でなんでも分かると思っているバカ」あるいは「数字では何も分からないと思っているバカ」、この2つのバカになってはいけません。

第2章では、数字に隠された「裏側」を読むためのポイントとして「平均と分散」「想像力」「選択肢を増やして絞り込む」をご紹介します。

数字の裏読み

1 平均と分散

「平均的な人」なんて存在しない

日本では一般的に、データを取り扱う際に**「平均値」**を使って分析することがよくあります。私も報告データで、平均値をベースにした分析に何度もお目にかかっています。自分自身も平均値をよく使います。ただし、平均値を利用する場合には注意が必要なのです。

図18をご覧ください。こちらは本書でこれまで分析してきた営業組織の売上データのうち、問題が少なかった（全国平均のデータより高かった）首都圏組織の詳細データです。

5月の月間平均売上は380万円でした。この平均値は、大きく2種類のケースが想定できます。**図18の右側のグラフ**は、首都圏の営業担当それぞれの売上が平均値の380万円の前後に集中しているケースです。具体的には月間売上300万円から400万円に集中しています。この場合、**平均売上380万円という数値は全体を代表している**と言えるでしょう。

一方、**図18の左側のグラフ**ではどうでしょうか？　平均売上380万円と比較すると半分以下の月間売上100万円から150万円に半分弱の人数の営業担当が存在しています。そして、残りの半分強は平均売上380万円より2割程度多い450万円から500万円に存在しているのです。そして、この2つのグループを平均している380万円にはだれ一人該当する営業担当がいません。つまり、**平均値としての380万円は数字的には正しいのですが、月間売上380万円の営業担当は存在しない**のです。もちろんこの380万円という平均値は、首都圏の営業担当を代表している数字ではありません。

実在しない「平均的な営業マン」をイメージして分析するのには無理があります。今回のケースには関係ありませんが、同様に「都心在住の20代の平均的な女性」をターゲットに想定して施策を検討しても効果は見込めません。**こんな人、いない**のです。

これは何も特殊な話ではありません。かつて戦闘機のパイロットにとって最適な座椅子や最適な操縦桿《そうじゅうかん》を決めるという、プロジェクトがありました。座椅子の大きさ、高さや操縦桿や計器の大きさ、それらの場所や操縦桿までの距離などを決定するプロジェクトです。そのために多数の

図18　同じ平均値でも分散が異なる可能性がある

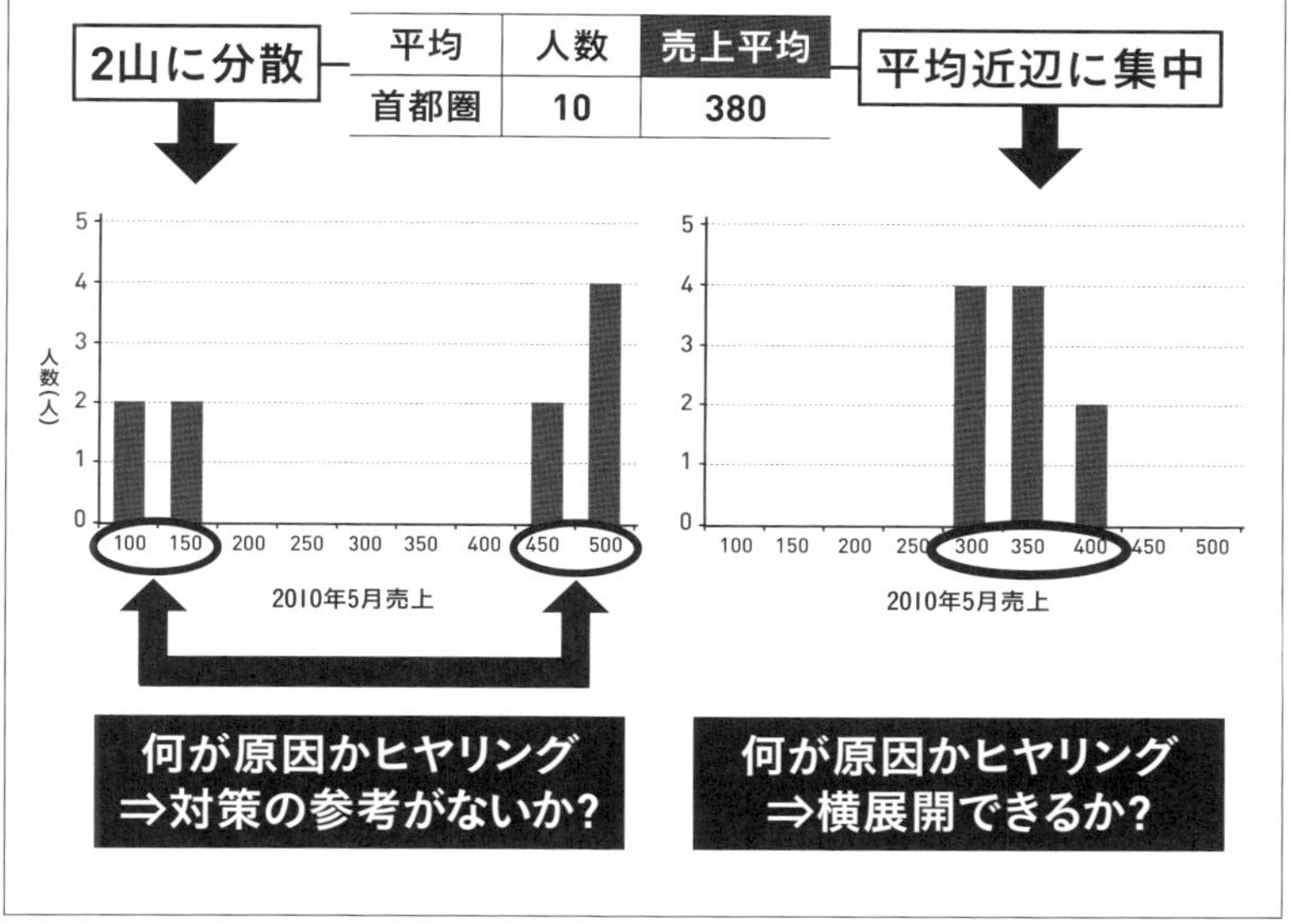

パイロットのデータが収集され、分析されました。

その結果、最適（だと考えられた平均値）のデータが選択され、その平均値データをもとに、椅子の大きさ、座面の高さ、操縦桿の大きさ、距離などが決定されました。

ところが、不思議なことにパイロットからの不満が続出しました。不満が出るだけであれば、問題は限定的でした。しかし、戦闘機が敵機と戦闘して負けてしまい墜落するのです。これは大問題です。そこで原因究明のプロジェクトが立ち上がりました。

原因はとてもシンプルでした。このプロジェクトでは、様々なパイロットの身体データの平均値を採用して、戦闘機の機器の大きさやコックピット内の位置を作成しました。つまりパイロットの身体情報の平均値から座面の高さ、操縦桿までの距離、操縦桿の大きさを画一的に決めていったことです。

ところが、これらの平均値をすべて満たしているパイロットは、全パイロットのうち数パーセントしかいなかったのです。ということは大半のパイロットにとっては、「少し椅子の位置が違う」「操縦桿までの位置が違う」など違和感や不具合が残ります。そんな状態で戦闘機を操縦していたわけですから、勝てるわけがありません。詳しく知りたい方は『平均思考は捨てなさい』（トッド・ローズ著）をお読みください。

先日テレビで大物芸能人がA社のイヤホンについて不満を言っていました。世界共通の平均数値で作成しているそうですが、彼の右側の耳からはよくイヤホンが落ちるそうです。これも「平均だったら何でもＯＫ」が間違っている例の一つでしょう。

平均のもとになっている分散の数値を確認することで、現象のリアルに迫ることができます。

ぜひ、平均値を見たら、分散を確認する習慣をつけてください。

2 想像力

数字の偏りから事実を見抜く

平均値が威力を発揮するのは、**図19**のように分散のデータで平均値を中心に左右対称になっている、いわゆる「正規分布」の場合です。

ただし、データの分散は、必ずしも左右対称の正規分布ばかりではありません。

たとえば、**図20の上のグラフ**のような顧客の取引額別の分散データと平均値データがあります。このケースでは、一般に**「パレートの法則」**といわれる顧客数の上位20％で売上の80％程度を占めていることが多いのです。

図19　正規分布のグラフの例

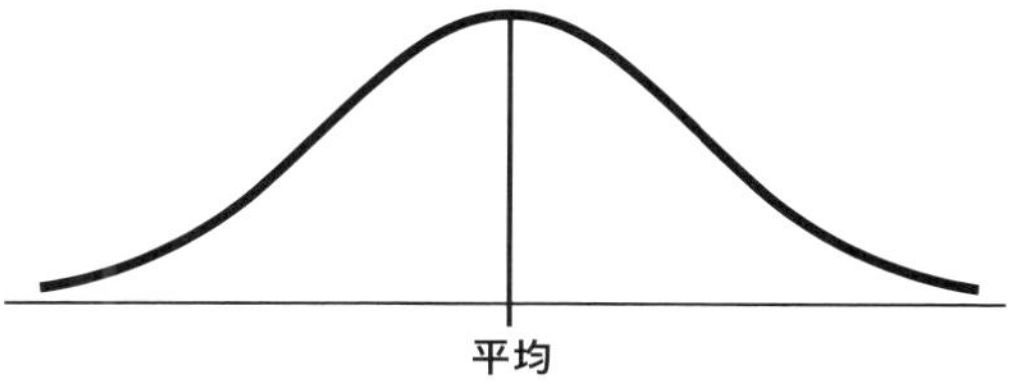

図20　顧客を取引額順に並べると「パレートの法則」になっているケースも

取引上位20%の顧客で
全体売上の80%を占めています

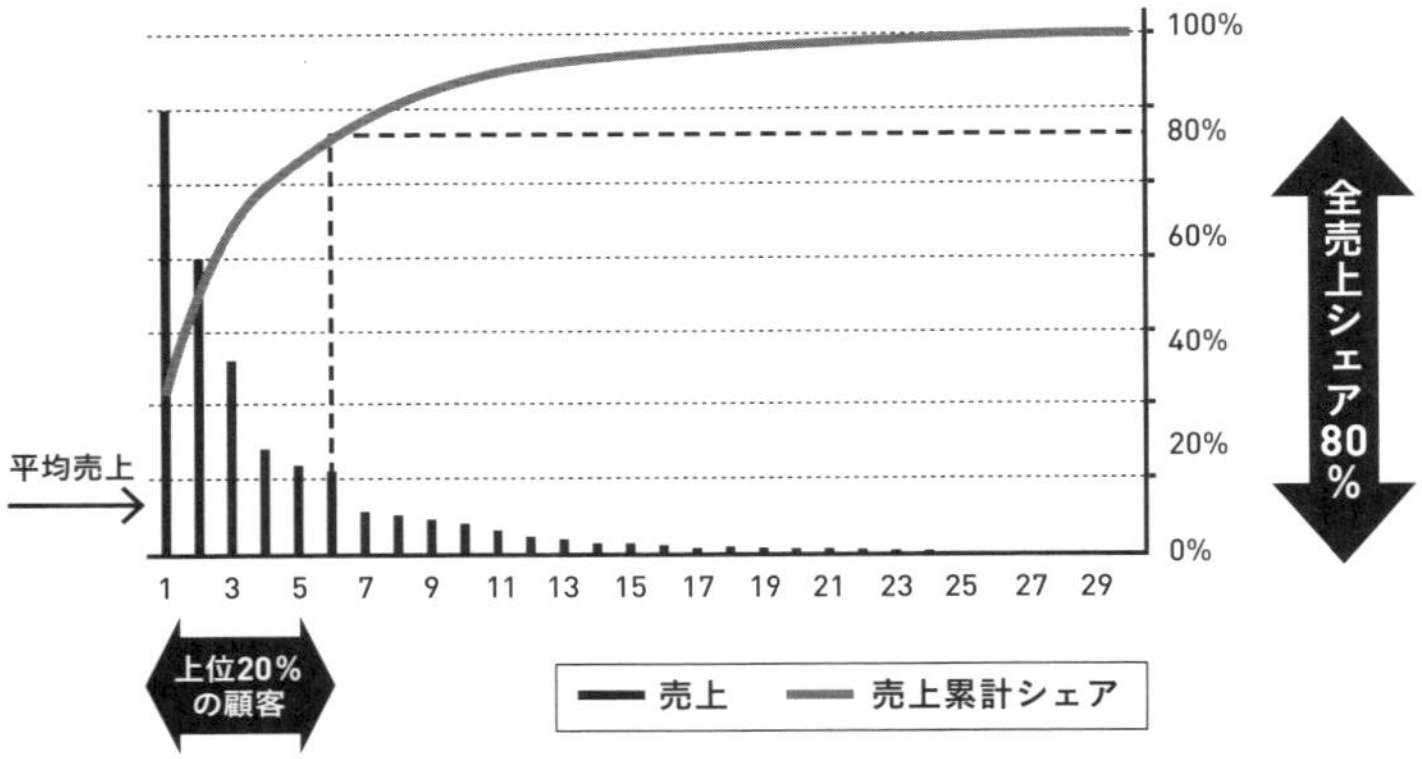

取引上位20%の顧客で
全体利益の120%を占めています

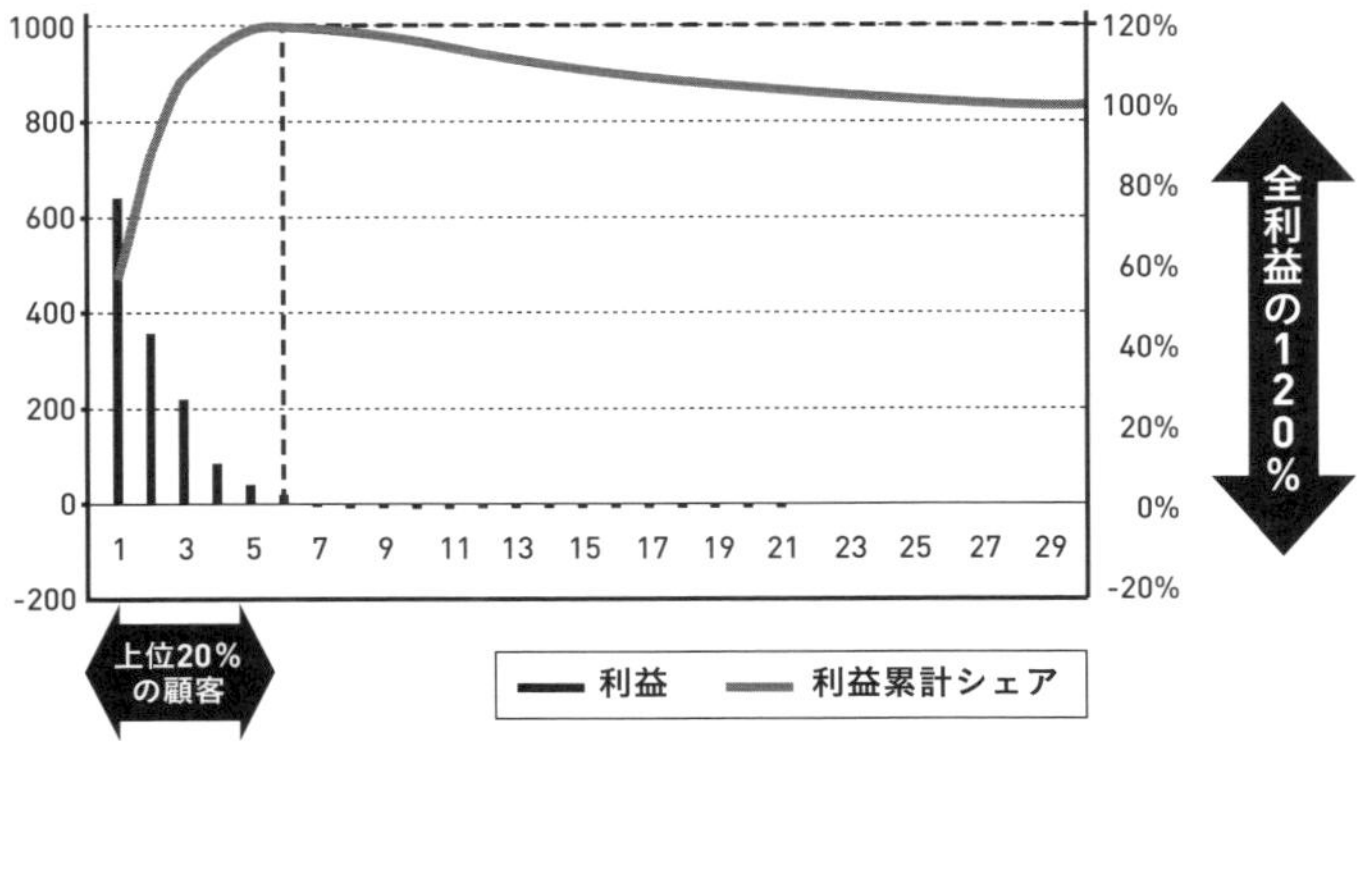

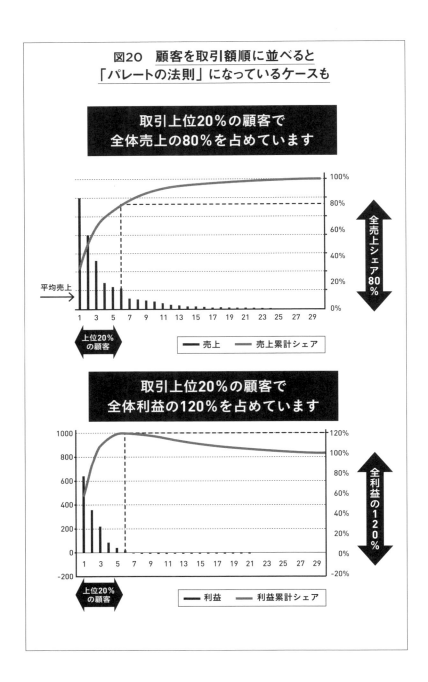

これをさらに顧客別の営業利益で見ると、**図20の下のグラフ**のように取引額上位20％の顧客で利益の120％を稼ぎ、取引額下位の80％の顧客では利益は赤字だということも少なくありません。

「売上が高くても利益がゼロ」を防ぐには

余談ですが、みなさんの組織は**顧客別の営業利益**を把握していますか？　営業利益ですので、顧客別売上－顧客別原価－顧客別一般管理費という計算式で出すことができます。顧客別の売上は把握しているでしょう。顧客別の売上から原価を除いた粗利益までは見ている会社も多いと思います。その粗利益から一定のルールで配賦（部門や製品を横断して発生する費用の配分処理）した一般管理費を引いた営業利益まで管理している企業は少ないのではないでしょうか。

顧客別の営業利益を見ることができれば、顧客別の営業戦術を検討する際に示唆を得ることができます。たとえば売上は多いはずなのに、特定の顧客に営業やスタッフが異常に工数をかけていて、実は工数まで配賦した営業利益では、利益率はもちろん、利益額でも小さいケースに気づくかもしれません。

あるいは極端かもしれませんが、特定の大口顧客などでは、関係者の工数も多いことに加えて、値引きが大きいために結果として営業利益が赤字の場合もあるのです。赤字だとするならば、何のためにその顧客に特別対応しているのか分かりません。しかし、売上しか見ていない組織ではよくあることなのです。

また、新規顧客を獲得しても、最初の収益は小さい、もしくは赤字であるケースがあります。これは、**既存顧客の営業効率は新規顧客と比較して3倍ほど効率的であることが多いことと、同じく1回当たりの取引額も3倍程度多いから**です。

結果、既存大口顧客と新規顧客や少額取引顧客を比較すると営業効率が3×3倍の約10倍程度異なるのです。取引大顧客と新規や少額取引顧客の両者に対して、同じ営業体制、同じサービス体制であれば、下位顧客や新規顧客の合計が赤字になることも納得がいくのではないでしょうか。

営業利益までの数字で分析した結果、赤字になるということは、**過度な値引きや過度な工数がかかりすぎている可能性がある**、と想像してみる。あるいは、営業利益まで見られないとしても、**特定の顧客に関して、数字でこのように分析すれば検証できる**と想像してみる。この習慣を持てると数字での分析レベルが向上します。

前述の平均と分散の話も、その例です。

度々ケースで取り上げている営業組織の分析の話を続けましょう。首都圏の5月の平均売上が380万円でした。これを、平均値はこうなのだけれど、2種類の可能性がある。すなわち、99ページの**図18**の左のグラフのように2山に分散しているケースと図18の右のグラフのように平均値が全体を代表しているケースが想定できます。もし左のように2山であれば、月間売上が高いグループのノウハウを低いグループに移管できれば、さらに売上を上げることができます。

一方で右のグラフのように平均値前後に数値が集中しているとするならば、**営業経験やノウハウにかかわらず、この商品が売りやすい商品となっている可能性があります。**商品企画側の支援状況やツール、体制を確認し、他の商品拡販に活用できるかもしれないのです。数字をもとに事実を「想像してみる」とは、このような考え方です。

これ以外にも、あなたが日ごろ見聞きしている現場の話と数字の間に違和感を持ったら、その**違和感を大事にして、想像力を働かせて、確認する習慣をつけてください。**これが定性データを加えるという考え方で、分析のレベルを向上させる重要なポイントの一つです。

3 選択肢を増やして絞り込む

仮説力をアップさせる2ステップとは

応用編の最後は、シナリオ（仮説）をレベルアップさせるスキルです。良いシナリオを作るにはどうすればよいでしょうか？

図21をご覧ください。シナリオ作成を因数分解すると、①**たくさんの選択肢を見つける**、②**適切な選択肢1つに絞る**、に分けられます。実は、この2つのステップは、シナリオ作成であろうと、企画立案であろうと、営業方法であろうと、様々な仕事に応用可能な考え方なのです。

逆説的に表現すると、上手なシナリオを作れない人＝仕事ができない人は、このステップが身についていないかもしれません。

たとえば、1つだけシナリオを見つけて、それに固執するのです。当然ですが、前述の2ステ

図21　良いシナリオを作る2つのステップ

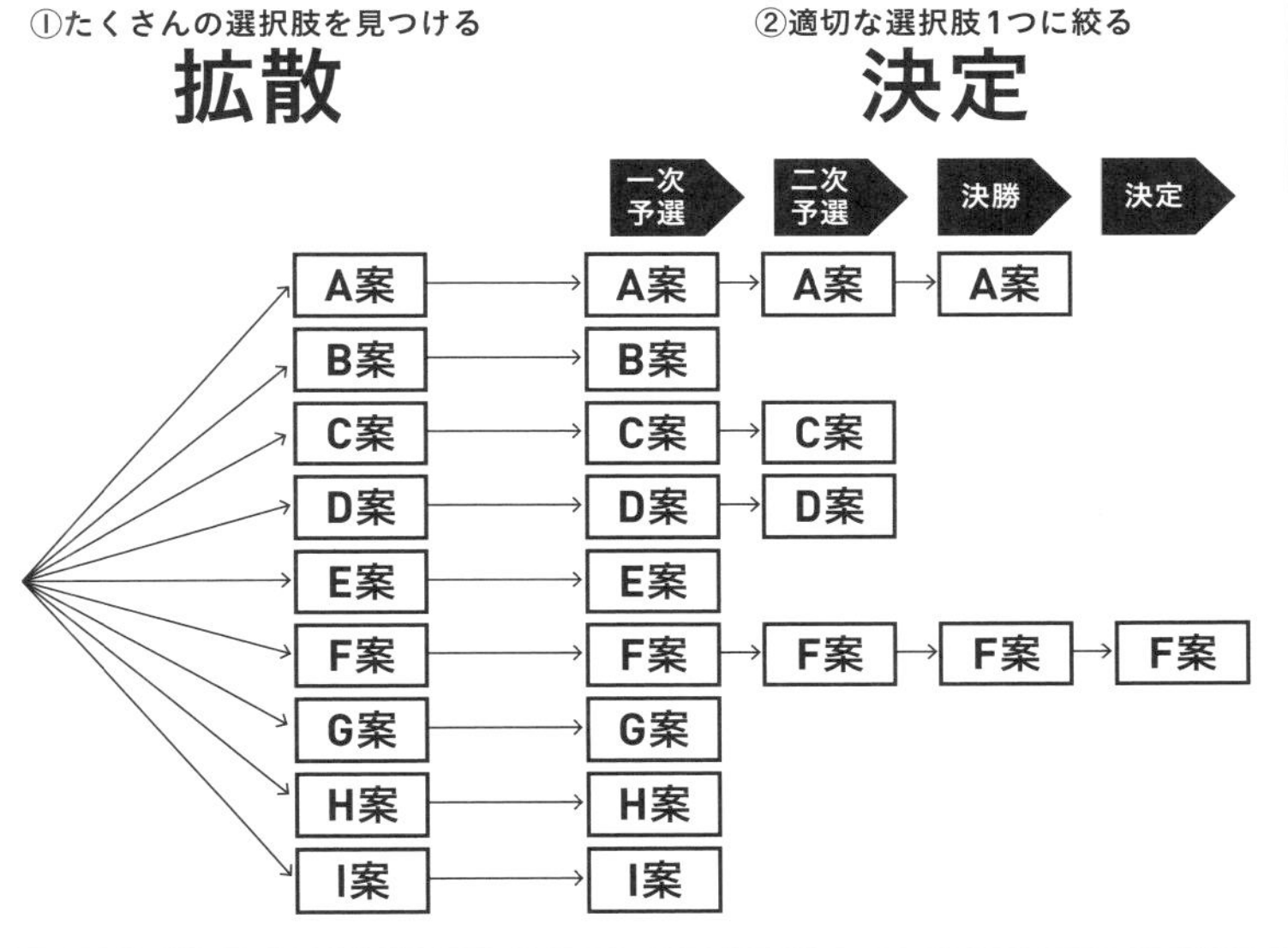

ップを実行する人と比較すると、そのシナリオの品質は大きく異なります。当然ですよね。

ちなみに、この2つのステップは、使う頭の筋肉が違います。①たくさんの選択肢を見つける、というステップは、**「拡散」**する頭の筋肉を使います。

私は、このステップでは、次ページの**図22**のように両極端な案を作ることを心がけています。**両極端の選択肢を見つけてから、その間の選択肢を探す**ようにするのです

人は選択肢をたくさん探そうとしても、知らず知らずのうちに制約条件を前提に考えがちです。「拡散」が必要なステップ①では、その制約条件をいかにして外すかがポイントです。制約条件とは、「人」「モノ」「お金」などの経営

図22　拡散するために極端な案を作ってみる

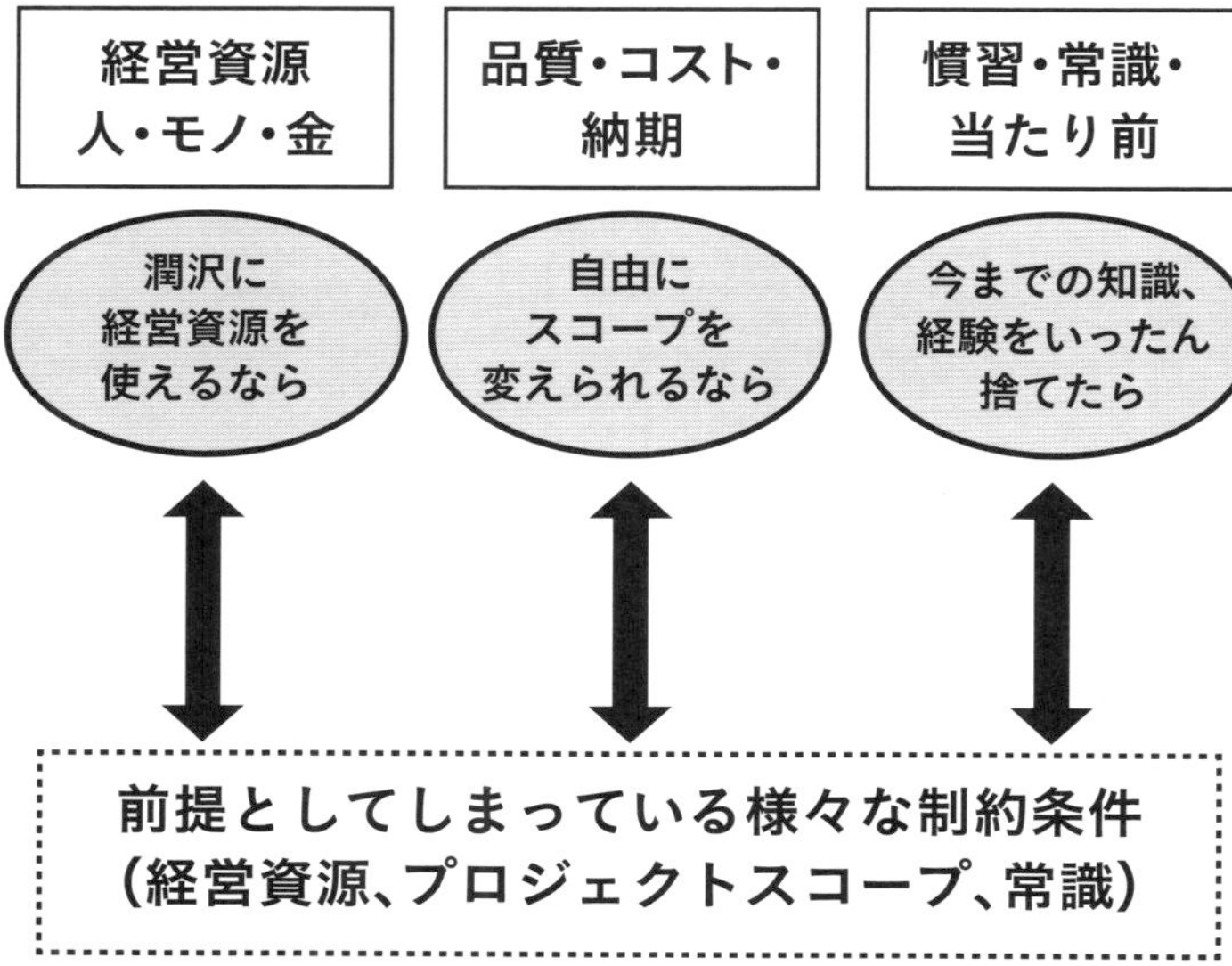

資源や「品質」「コスト」「納期」などのプロジェクトや仕事の制約条件が典型的です。「予算がないから、納期に間に合わないから、人がいないから」。これらの制約条件が選択肢を狭めるのです。

あるいは、読んだ本に書いていた内容や経験した内容、これまで見聞きしたことなどが影響を及ぼすこともあります。これらの**制約条件をいったん外して、選択肢を考えることができるかがポイントです。**

たとえば、自分の「転職」の選択肢を広げて考える場合を想定してみましょう。転職するかどうかを起点に考えると、一方の極端な選択肢は、結局転職しない、という選択肢が考えられます。逆側のもう一方の選択肢は、

「これをきっかけに次々に転職する」というのが考えられます。こう考えると、2つの極端な選択肢の間に、「転職して働き続ける」という考えが浮かびます。これで3つの選択肢を見つけることができました。

別の軸を考えてみると、そもそも1つの会社だけで働くのかという軸も考えられます。副業や複業です。そう考えると多数の企業の仕事やプロジェクトを行うという選択肢もあり得ます。さらにこの考えを推し進めると「起業する」という選択肢も検討できるでしょう。

ポイントは、この選択肢を広げている時に、**できるかできないか、あるいは選ぶか選ばないかをいったん忘れること**。できる限り選択肢を広げるのです。後々に「他の選択肢があるのではないか？」とこのステップに後戻りしないで良いように選択肢を広げきるのがポイントになります。

たくさんの選択肢を考えられれば、次は、その選択肢を1つに絞るステップです。これはいわゆる**「決定分析」のスキル**が求められ、**「収束」**する頭の筋肉を使います。この決定分析は、一次予選、二次予選、最終決戦を通じて1つの最適な方法を選択する手法です。

そのステップを**図23**で説明します。新規出店する場合に複数の候補地A、B、C、Dと4か所があるケースを考えます。

まず、選択肢を確認します。選択肢は4つ。A、B、C、Dです。

次に4つの選択肢から1つを選択するための**「物差し」**を確認します。物差しとは、選択肢を決定する条件のことです。この物差しは、一般的には複数あります。

たとえば、①家賃は100万円以下、②入居は○月○日まで、③店内工事は500万円以下、④集客見込みは平日100人、休日150人以上、⑤アルバイト時給1000円以下、⑥店舗閉店23時などです。

そして、この物差しを一次予選用の**「MUST」の物差し**と二次予選用の**「WANT」の物差し**の2つに分類します。

MUSTの物差しとは、必ず満たしていないといけない条件を指します。今回のケースでは、①家賃は100万円以下、②入居は○月○日まで、③店内工事は500万円以下、の3つが一次予選用のMUSTの物差しだとしましょう。

選択肢A、B、C、DのうちDは、現状がスケルトン（内装工事や各種工事をテナント側が負担する）なので、店内工事、空調や水回り工事などの費用も私たちが負担します。それが1600万円かかることが分かっています。これではMUST条件の③店内工事は500万円以下を満たしません。MUST条件①②③は、すべて満たさないといけない前提条件です。結果、選択肢Dは一次予選で敗退、つまり選択肢の候補から除外します。

図23　最適な新規出店箇所を決定分析する

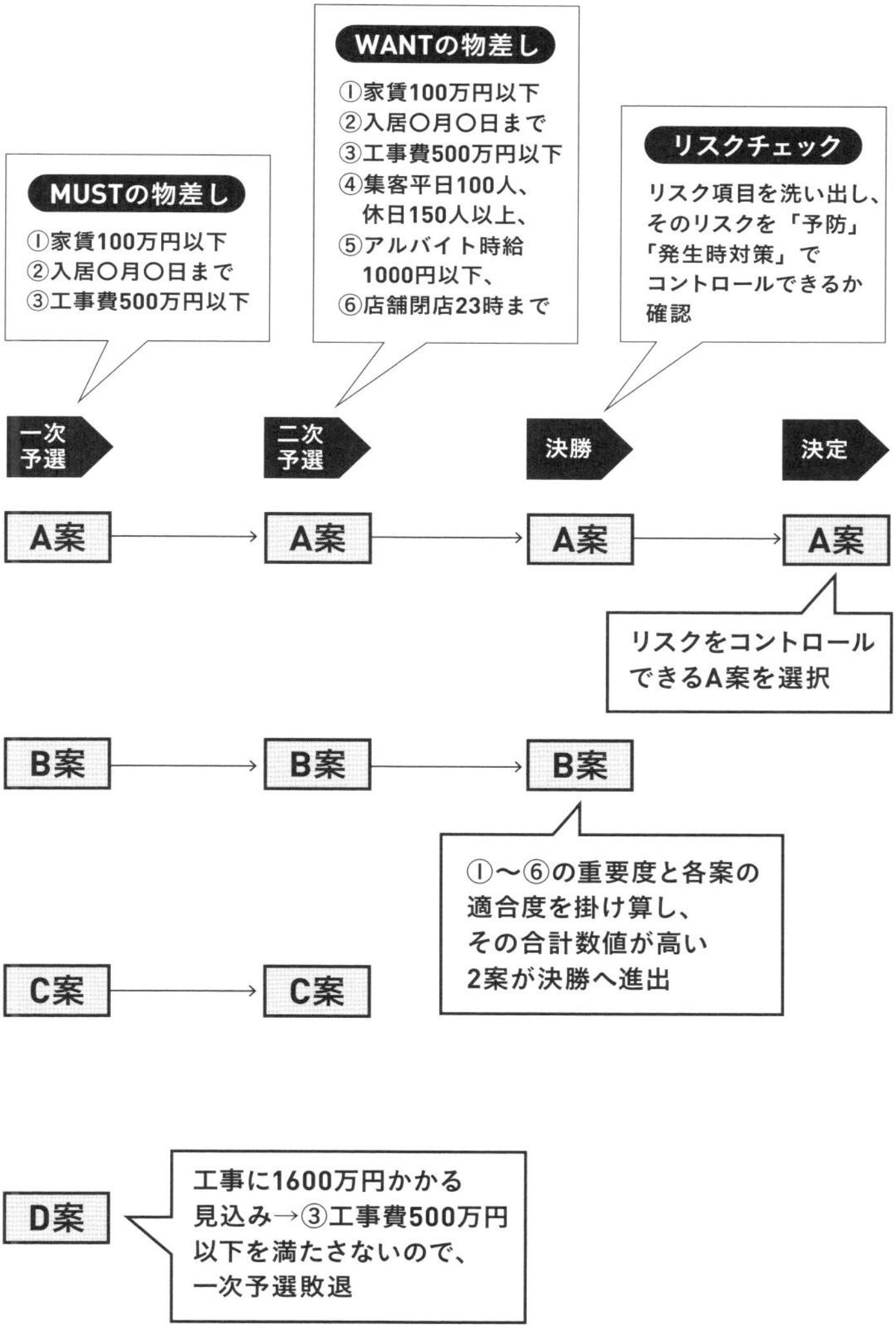

次は二次予選です。ここでは「WANT」の物差しを使います。今回は、**①から⑥のすべての物差しについて優先順位を決めて、その優先順位の高い順に重要度で点数を付けます。**

たとえば、集客が最も重要なので④10点、アルバイトの募集が次に重要なので⑤8点、家賃は安い方が良いので①6点、より早く入れる方が好ましいので②4点、残りの2項目については重要度が低いので③と⑥はそれぞれ2点とします。

一次予選を通過した3つの選択肢について、①から⑥の項目についての適合度としてスコアをつけます。

たとえば集客については、A＞B＞Cの順に高いとすると、それぞれ10点、8点、6点という具合につけます。そして、この項目について重要度とスコアの掛け算をし、それぞれの選択肢の持ち点とします。A＝重要度10点×スコア10点＝100点、B＝10×8＝80点、C＝10×6＝60点という具合です。これを①から⑥のすべての項目について実施します。

続いて、それぞれの持ち点を合計して、選択肢AからCの総合評価点とします。この総合評価点の上位2案、今回のケースでいうと選択肢AとBが最終決戦に残ります。

最終決戦では、**リスクについて検討します。**リスク項目をピックアップし、それを**「事前予防」と「発生時対策」によって軽減できるかどうかを確認します。**

最終決戦では、二次予選の点数はあくまでも参考として、リスクをコントロールできるかどうかで判断します。今回は選択肢Aが最終決戦を勝ち抜きました。選択肢Aでの出店を最終化する方向で詳細化します。

この決定分析のスキルを習得できると、シナリオ（仮説）を決定する能力がアップします。

コラム

今すぐできる！「数字で考える」トレーニング

数字に苦手意識がある人に、簡単に苦手意識を克服する方法をご紹介しましょう。

〈自動車のナンバーを見たら、足し算・引き算してみる〉

これは小学生にも有効なトレーニングです。車のナンバーを見つけたら、3桁か4桁の数字が書かれています。その**前半分1桁か2桁の数字と後半分の2桁の数字を足し算、引き算します**。

たとえば、「44－26」であれば44＋26＝70、44－26＝18。「23－88」であれば23＋88＝111、23－88＝－65という具合です。

とても簡単な訓練なのですが、日々続けると計算のスピードがアップすることを体感できます。何事も、**成長感を持てると継続できます。継続できると習慣になります。**「習慣の力」はとても強いです。知らず知らずのうちに数字への苦手意識が減っていくのが分かると思います。

〈何時に到着するのか考えてみる〉

これは因数分解と工数見積もりの両方ができる優れものです。どこかに出かける際に何時何分に到着するのかを推定するというトレーニングです。たとえば、**車で私の自宅のある横浜から実家がある大阪に何時に到着するのかを推定してみましょう。**

どのように分解すると良いでしょうか。たとえば私は次のように因数分解して考えます。

全体距離はざっくり500㎞弱。

①自宅から最寄りの高速入口まで≒10㎞
②高速出口から実家まで≒10㎞
③高速道路上は平均時速80㎞で一定で走る
④3回休憩する

と仮定します。市街地の平均速度は20㎞程度ですので、①、②はそれぞれ10㎞÷時速20㎞＝

0・5時間（30分）となります。

全行程500㎞から①②合計の20㎞を除くと残行程は480㎞。③高速道路での所要時間は480㎞÷時速80㎞＝6時間となります。

④は1回あたり30分休憩すると30分×3回＝1時間30分となります。

合計すると①30分＋②30分＋③6時間＋④1時間30分＝8時間30分となります。

たとえば午前8時に出発すると、8時＋8時間30分＝16時30分に到着することが予測できます。

もう少し早く到着するにはどうすれば良いでしょうか。方法は3つあります。**Ⓐ出発時間を早める、Ⓑ休憩回数もしくは休憩時間を減らす、Ⓒ高速道路での平均スピードを高める**、です。当然、これらの組み合わせもあり得ます。

たとえばⒶで1時間早く出発し、Ⓑで休憩を2回にし、Ⓒで平均速度を90㎞としてみましょう。

①30分、②30分は同じです。

③480㎞÷時速90㎞≒5時間30分

④30分×2回＝1時間

よって、①30分＋②30分＋③5時間30分＋④1時間＝7時間30分となり、7時＋7時間30分＝14時30分になります。

これなら、当初の予測16時30分よりも2時間早く実家に到着することができます。

これが計画、シナリオ（仮説）です。そして、実際の結果と比較します。①〜④のどの部分が、どの程度同じ、あるいは違ったのかをチェックします。

今回は、プライベートの話ですが、仕事でも同様に「振り返り」は大きな威力を発揮します。具体的には、「工数見積もり」のセンスが高まっていくのが体感できるでしょう。**工数見積もりの精度が高まると、仕事全体の見積もり精度も高まります**。使うのは、四則演算だけですが、これを継続すると数字のセンスが高まっていきます。

第3章

儲けるセンスを高める数字力

経営者の視点を意識する

儲けるセンスを高めるための最大のポイントは**「経営者の視点を意識すること」**です。経営者といってもいろいろな方々がいるので、一概に「経営者」と括るのは無理があるかもしれません。ここで言う経営者とは、**「Going Concern：ゴーイング・コンサーン」**を考えている経営者を指します。ゴーイング・コンサーンとは、会社が将来にわたって事業を続けていくという前提です。

企業には、顧客にサービス・商品を提供し続ける責任があります。その責任を遂行するためには、提供した商品のアフターサービスをしたり、商品改良したり、新製品を開発したりしなければいけません。これらを実現するには、優秀な人材・パートナーが必要。そのためには、資金が必要です。

少し説明が長くなりました。これらを実現するための**資金を安定的に投資することが欠かせません。**つまり、利益を上げ続けないといけないのです。会社経営を続けるためには、利益が不可欠だということです。

郵便はがき

料金受取人払郵便

麹町局承認

1617

差出有効期間
2021年11月30日
まで

102-8790

226

東京都千代田区麹町4-1-4
西脇ビル

㈱かんき出版
読者カード係行

フリガナ ご氏名	性別　男・女 年齢　　　歳
フリガナ ご住所　〒 TEL　　　(　　　)	
メールアドレス □かんき出版のメールマガジンをうけとる	
ご職業 1. 会社員（管理職・営業職・技術職・事務職・その他）　2. 公務員 3. 教育・研究者　4. 医療・福祉　5. 経営者　6. サービス業　7. 自営業 8. 主婦　9. 自由業　10. 学生（小・中・高・大・その他）　11. その他	

★ご記入いただいた情報は、企画の参考、商品情報の案内の目的にのみ使用するもので、他の目的で使用することはありません。

★いただいたご感想は、弊社販促物に匿名で使用させていただくことがあります。　□許可しない

ご購読ありがとうございました。今後の出版企画の参考にさせていただきますので、ぜひご意見をお聞かせください。なお、ご返信いただいた方の中から、抽選で毎月５名様に図書カード（1000円分）を差し上げます。

サイトでも受付中です！　https://kanki-pub.co.jp/pages/kansou

書籍名

①本書を何でお知りになりましたか。

- 書店で見て　• 知人のすすめ　• 新聞広告（日経・読売・朝日・毎日・その他　　　　）
- 雑誌記事・広告（掲載誌　　　　）
- その他（　　　　）

②本書をお買い上げになった動機や、ご感想をお教え下さい。

③本書の著者で、他に読みたいテーマがありましたら、お教え下さい。

④最近読んでよかった本、定期購読している雑誌があれば、教えて下さい。

（　　　　）

ご協力ありがとうございました。

第3章で解説する3つの考え方

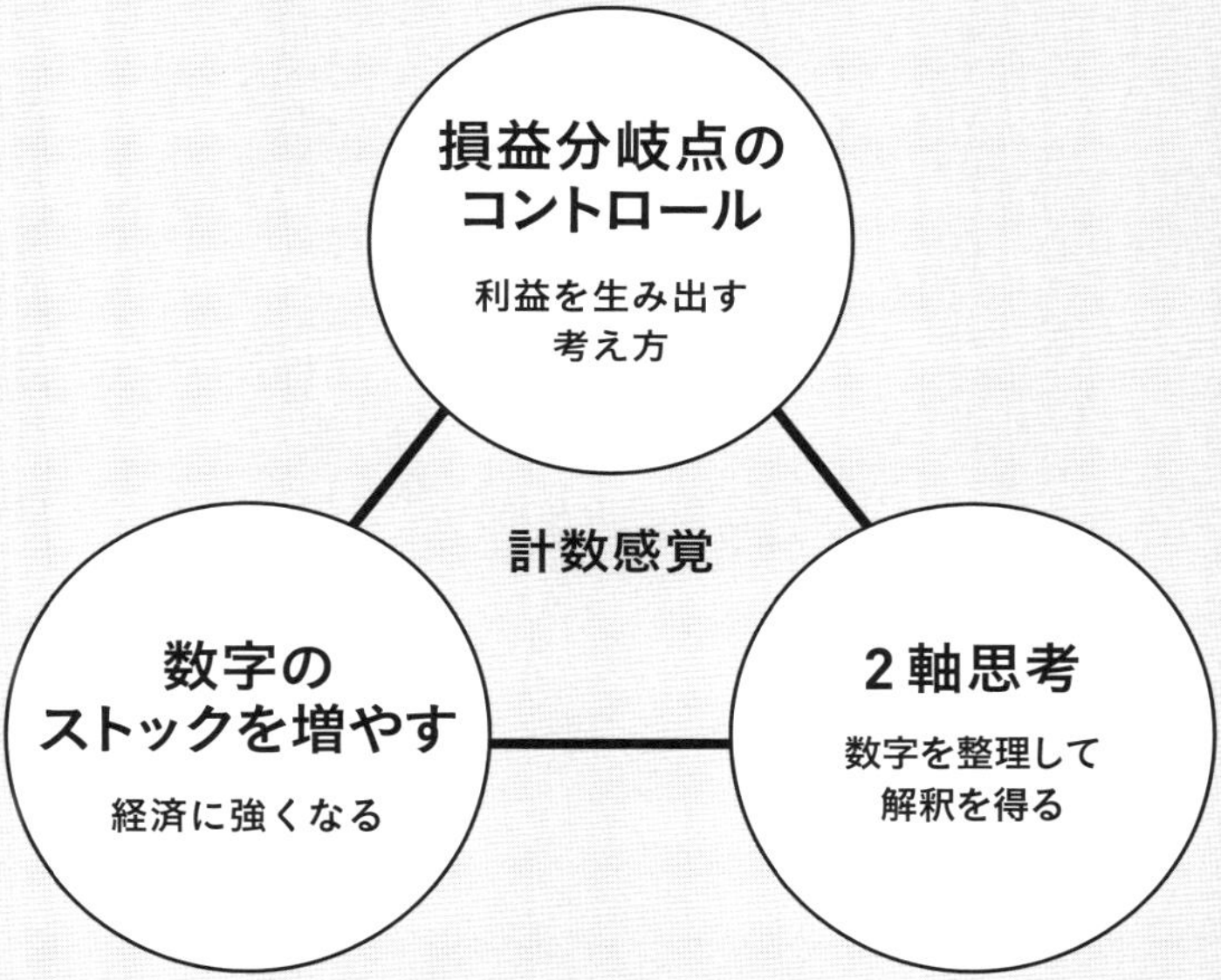

私がここでお伝えしたいのは、**「経営者は利益で物事を見ている」**という視点。極論すれば、この1点が経営者かどうかを判断する大きなポイントです。その観点でいうと、売上やコストでしか物事を考えていない人は、いかにその立場が役員や管理職であっても経営者ではないと判断できます。

さて第3章では、儲ける＝利益を増やすために最も重要な3つのポイントに絞って説明します。繰り返しになりますが、四則演算だけでいろいろなことが分かります。

儲けのセンス

1 損益分岐点のコントロール

ケース

「カフェの値引きとトッピング無料、どちらが効果的なのか？」

まずは「長期的な利益の増やし方＝**ＬＴＶ：ライフ・タイム・バリュー**」の視点を学ぶためのケーススタディーです。

とあるカフェチェーンで２つの施策を検討していました。

案１　３００円のコーヒーを50円値引きして２５０円で販売する。
案２　３００円のコーヒーに50円のトッピングを無料サービスして３００円で販売する。

施策の目的は、長期的に利益を増やすことです。案１の「値引き」、案２の「トッピング無料サービス」のうち、どちらが効果的なのかを数字で判断してみましょう。

複数の案から最適な施策を選ぶ。このような時には、前章で紹介した「決定分析」が役立ちます。今回は選択肢が2つと少ないので、簡易的な方法で比較してみることにします。

案1は「値引き」施策、そして案2は「追加サービス」施策と分類できます。どちらの案を選べば良いのかあるいは、みなさんならどちらの方法を選ぶのか、というのがお題です。もしかしたら、直観で決めたくなるかもしれません。しかし、それをぐっとこらえて、四則演算（＋・－・×・÷）を活用して、少し整理してみましょう。

まず、案1と案2では、何が同じで、何が違うのか？　そこから検討していきます。

まず**「同じ」なのは、案1も案2も正価から50円を値引きする施策**だということです。案1では300円のコーヒーから50円を値引きして250円で販売します。案2では300円のコーヒーの値段は変えずに50円のトッピングを無料サービスします。これは、説明の仕方を変えると正価｛300円（コーヒー代）＋50円（トッピング代）｝－値引き50円＝販売価格300円ということです。案1も案2も正価から50円値引きしているのが分かります。

一方で**「違う」のは、顧客当たりの売上**です。案1では250円の売上になり、案2では300円の売上になります。

簡単に案1、案2の「同じ」と「違い」を確認しました。ここから四則演算を活用して、案1と案2を比較してみましょう。比較するポイントは、**「売上」「値引き率」「利益率」「今後の顧客拡大の可能性」**の4つです。

まずは「売上」の観点からの比較です。案1と案2を単純に比較しても、どちらの案が顧客の支持を得て、総売上が上がるのか分かりません。

そこで、**値引きをしない場合と同じ売上額を上げるには、どれくらい顧客数を増やさないといけないのか**を計算してみます。案1では300円÷250円＝120％の顧客数が必要。つまり＋20％の顧客増が必要です。案2では350円÷300円≒116・7％の顧客数が必要。つまり＋16・7％の顧客増が必要です。ということは、今回の値引き施策を実施すると、案1では20％顧客増加できて売上が同額になります。

この**「20％」という数字を具体的に想像してみましょう**。今まで300円では少し高いと思っていた顧客が「250円なら買ってみよう」と考えるかどうかです。そのように考える顧客が20％増加すれば売上が同額になるのです。同様に案2は、トッピングを無料サービスすることで、顧客が16・7％増えればよいわけです。

繰り返しになりますが、現状では、どちらの案がより効果が高いのか分かりません。しかし、同じ売上額を実現するために**増加しないといけない顧客数が、案1＋20％∨案2＋16・7％と、案2の方が少なくてすみます**。案2の方がやや実現性が高いのではないかと判断できます。

次に「値引き率」です。案1では50円÷300円≒16・7％。一方の案2では50円÷（300円＋50円）≒14・3％です。一般的に、カフェチェーンにとって値引き率は低い方が良いですから、案1∨案2と顧客数の増加に続いて、値引き率でも案2が有利であるのが分かります。

同じく「利益率」の変化について考えてみましょう。事前に利益率のデータはありませんから、前述の数値に加えてみなさんの経験や知識が必要です。たとえばコーヒーの利益率やトッピングの利益率といった数値が必要になります。私もよく分かりません。しかし、**飲食業の食べ物の原価率は10～30％である**ことを経験的に知っています。そこで、コーヒー1杯を作るのに30円の原価がかかるとしましょう。すると、

〈コーヒー1杯当たりの利益と利益率〉

利　益：300円－30円＝270円

利益率：270円÷300円＝90％

となります。実際の利益は、ここから人件費、コーヒーマシンのコスト、家賃や光熱費、減価償却費、税金などを引いて1杯当たり10～30円程度になります。ここでは簡単に計算するためにコーヒー1杯の粗利ベースでの利益額は270円、利益率は90％としましょう。一方の50円のトッピングを作るための原価を10円だとします。すると、

〈トッピング1つ当たりの利益と利益率〉

利　益：50円－10円＝40円
利益率：40円÷50円＝80％

〈「コーヒー＋トッピング」1杯当たりの利益と利益率〉

利益額：270円＋40円＝310円
利益率：310円÷350円＝88％

となります。

では今回の施策案1、案2を実施すると、それぞれ利益額、利益率はいくらになるでしょうか。

〈案1　50円の値引き〉

売　上：250円（正価300円－50円）

利　益：270円－50円＝220円

利益率：220円÷250円＝88％

ポイントは、**値引き額の50円が丸々利益から減少する**ことです。

〈案2　50円のトッピング無料〉

売　上：300円（正価300円＋正価50円－50円）

利　益：310円－（50円－10円）＝270円

利益率：270円÷300円＝90％

ポイントは、値引きの場合とは違い、50円丸々利益が減るのではなく、**原価である10円を除いた（50円－10円）＝40円の利益が減る**ことです。

案1では利益が50円減少するのですが、案2では原価を除いた40円が減少するのです。結果、案2の方が利益という観点で見ても減りが小さいので、案2に軍配が上がります。
まとめると、売上の観点、値引き率の観点、利益率の観点でも案2に軍配が上がるようです。

続いて、今回の施策をきっかけに案1、案2のどちらが今後の売上拡大、つまり**長期的な利益（ライフ・タイム・バリュー）増加に有効でしょうか？** 既存顧客と新規顧客に分類して考えると分かりやすいかもしれません。

既存顧客とは、今まで店に来てくれていた顧客です。新規顧客とは、今回の施策で新たに来てくれた顧客です。今回の施策が終わった後、案1では、新規顧客の一定割合が、その後もこの店で飲み続けてくれることが期待されます。一方で250円から300円と元の価格に戻ったことで、既存顧客の一部がこのコーヒーチェーン店から離脱するリスクもあります。

一方の案2は、トッピングを無料でサービスするという**「新たな体験」を提供する施策**です。既存顧客のうちトッピングを気に入ったお客様の一定割合が、今後もトッピングを追加してくれる可能性が期待できます。つまり、今後の売上拡大の可能性としても案2に軍配が上がるようです。

この案1、案2は実際のコーヒーチェーン店で行われた施策でした。私は、それまで普通のカフェラテしか頼んでいなかったのが、案2の施策をきっかけに「エスプレッソショット」を追加

図24　値引きとトッピング施策の比較

	案1：値引き		案2：無料トッピング
	300円コーヒー ⇒ 250円		300円コーヒーに 50円のトッピングを 無料
同じこと	50円値引き		50円値引き
違うこと	売値250円		売値300円
比較1 売上	同じ売上のために ＋20％顧客増が必要	VS	◎ 同じ売上のために ＋16.7％顧客増が必要
比較2 値引き率	▲16.7％	VS	▲14.3％ ◎
比較3 利益率	▲50円 ▲2pt	VS	▲40円 ＋2pt ◎
比較4 今後の 売上拡大	＋新規顧客増加 ー既存顧客の離脱	VS	◎ ＋トッピングの定着 ー特になし

したり、「ミルク」を「豆乳」に変更するなど、追加サービスの常連になりました。まさしく案2の施策に乗ったのです。

いかがでしょうか？　今回使ったのも、四則演算だけです。それだけでもここまで分析ができるのです。しかも、確認にかかる時間は、シナリオさえ作成できれば数分から数十分です。こんなシンプルな2つの案ですが、どちらが良いのか数十分で回答できたとすると、かなり仕事ができた感じがするのではないでしょうか？

今回の分析フローを**図24**にまとめておきました。復習などに活用ください。

経営者が、固定費より変動費を好む理由

ちなみに利益は、どのような数式で表現できるでしょうか？

利益＝売上−費用です。先ほど売上の話をしましたので、ここでは、費用について補足説明しましょう。

費用と一括りにしましたが、費用にはいくつかの分類方法があります。一般的には損益計算書（P／L）を作成する際の仕分け項目である「原価」と「一般管理費」が挙げられます。それぞれ

の費用を売上から除くと、**売上－原価＝売上総利益（粗利）**、同じく**売上－原価－一般管理費＝営業利益（営利）**となります。また、粗利や営利を売上で割ったものをそれぞれ**粗利率（粗利÷売上）**、**営業利益率（営利÷売上）**と言います。粗利率や営業利益率は、企業の利益分析の際に、あるいは自社の時系列推移を確認する際によく利用されます。また、同業企業間で収益性（儲ける力）を比較する際にもよく利用されます。

費用には、**「投資かコストか」**あるいは**「固定費か変動費か」**という分類方法もあります。ここでは「固定費」と「変動費」に分類する効能について説明します。

先ほど経営者は利益で物事を考える、という話をしました。その利益を考える際の基本的な考え方の一つが、費用を「固定費」と「変動費」に分けるということです。これは**企業の利益分析を行う時に威力を発揮する分類の仕方**です。

ちなみに何に対して固定や変動と言っているのでしょうか？

それは売上の増減に対して、固定か変動かといっています。固定費とは「売上の増減とは無関係に支払わなければいけない費用」のこと。一方の変動費は、「売上と連動して支払わなければいけない費用」のことを指します。売上が増えれば、それに合わせて増加する費用ということです。逆に言えば、**売上がなければ、変動費は払わなくてよい**ということです。

先に結論を書くと、**経営者は同じ費用を使うのであれば、いかにして固定費を下げ、変動費の割合を増やすかということを考えているの**です。つまり同じ100万円を支払うにしても、固定費の割合を下げたいと考えているのです。なぜか？　それは**経営者が、うまくいかなかった場合のことを考えているから**です。

たとえば、**図25**のように100万円支払う場合、極端な例として、次の2つを比較します。

A：すべて固定費であった場合（つまり売上に関係なく100万円を支払う）
B：すべて変動費であった場合（売上に連動して100万円を支払う）

これに対して、さらに3つのケースが考えられます。

①想定通り売上が100万円売れた場合
②想定の2倍の200万円売れた場合
③想定外で売上が0であった場合

結果は、図25のようになります。想定通りの売上の①のケースの場合はA（固定費）、B（変動

図25　固定費と変動費の利益への影響

	A:すべて固定費	B:すべて変動費
	売上に関係なく100万円を支払う	売上に連動して変動費を支払う
①売上 100万円 想定通り	売上 100万円 − 固定費 100万円 ＝利益 0万円	売上 100万円 − 変動費 100万円 ＝利益 0万円
②売上 200万円 想定の2倍	売上 200万円 − 固定費 100万円 ＝利益 100万円	売上 200万円 − 変動費 200万円 ＝利益 0万円
③売上 0円 想定大外し	売上 0万円 − 固定費 100万円 ＝利益 ▲100万円（赤字）	売上 0万円 − 変動費 0万円 ＝利益 0万円

ポイント

売上が確実（②のケース）→固定費の割合を増やして（変動費を減らして）利益を増やす

売上が未確実（③のケース）→変動費を増やして、リスクを減らす

費）とも同じ結果になります。しかし、売上が2倍の②のケースの場合はＡ（固定費）の方が利益的に勝り、売上がゼロになる③のケースでは、Ｂ（変動費）のリスクが小さいのが分かります。

大雑把に覚えておいてほしいのは、事前に売上が想定以上に見込める②のケースの場合は、固定費を高めに設定して、利益がより多く得られるような体制を構築すればよいのです。**具体的には、すべて自前で準備するなどです。**

しかし、**事前に売上が想定通り見込めない場合（大半がそうでしょう）、今回でいう③のケースの場合は、できる限り変動費を高めに設定してリスクに備えることが重要**なのです。

固定費の一般的な例としては、事務所、工場、倉庫の家賃、自社の従業員の給料関係費用、システムや資産の減価償却費などが挙げられます。これらの費用は、一般的には、売上がまったくなくても支払わなければなりません。一方の変動費の例としては、原材料費、販売手数料、運賃などが挙げられます。

たとえば商品Ａを専業で販売している会社があります。この会社の売上を**図26**として表しています。グラフの縦軸は売上、横軸は商品Ａの販売数量（Quantity）です。商品Ａの単価（Price）を10万円だとすると、１つ売れると10万円、２つ売れると20万円、10個売れると１００万円の売上になります。これはグラフでは右斜め上に伸びる直線になります。**この直線の「傾き」が価格**

図26　売上、変動費、固定費、損益分岐点の関係を表すグラフ

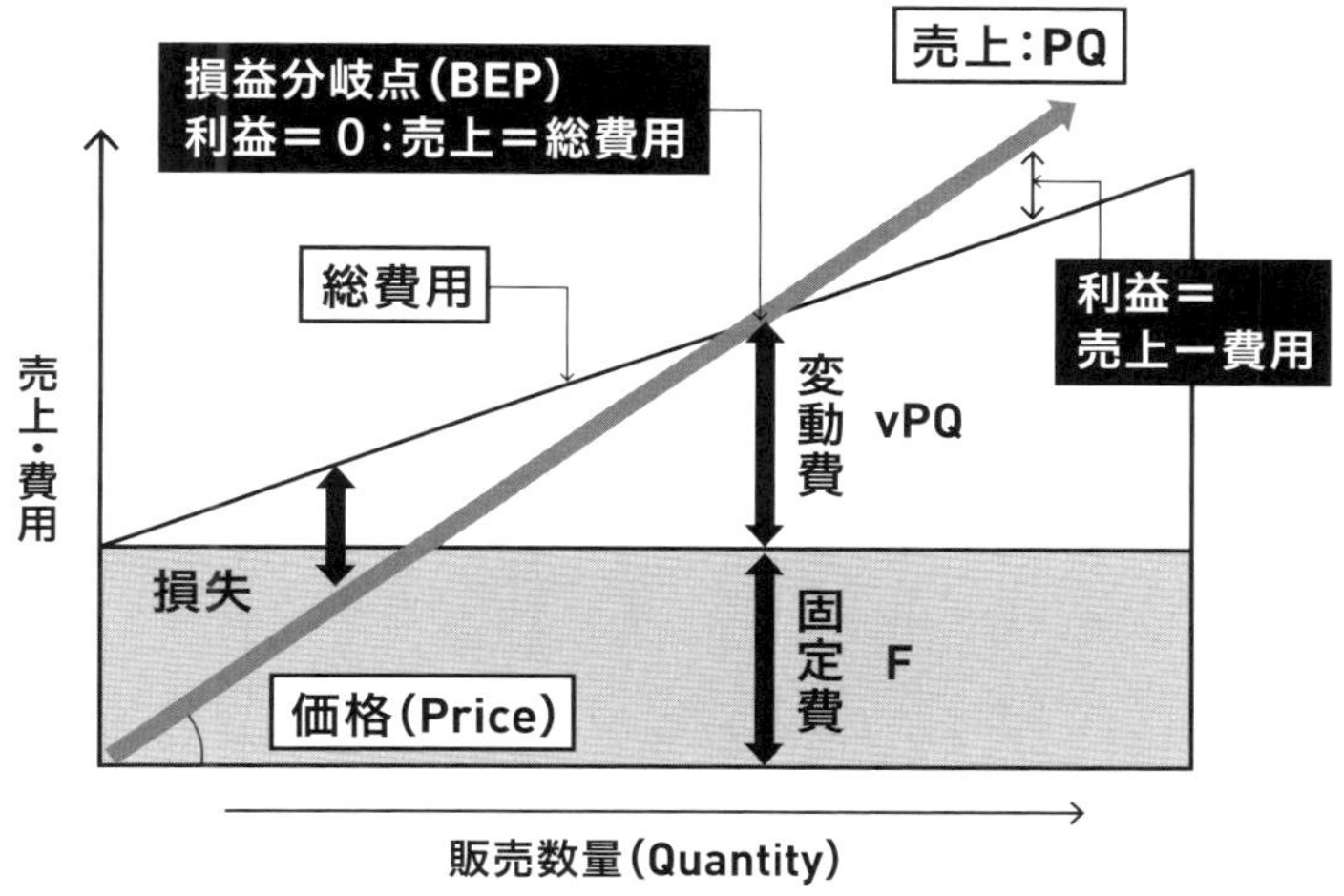

(Price) を表しています。

一方の固定費や変動費などの費用は、どのように表現されるのでしょうか？　固定費は、商品Aが売れる、売れないにかかわらず必要な費用です。つまり、販売数量に関係なく、横軸と平行に費用がかかるのです。もしも、商品Aが1つも売れなかった場合は、売上0－固定費分だけ赤字になるわけです（これはグラフの一番左の「売上・費用」の軸との交点で表されています）。

一方の変動費は、売れるごとに発生する費用です。売上同様に右肩上がりに増えていきます。総費用は、固定費と変動費の合計になります。

どれぐらい売れれば黒字になるのか

図26を左から見ていくと、グラフ全体の左部分では、売上を表す太線より、総費用（固定費＋変動費）を表す細線の方が上にあります。これは売上より総費用の方が多いということです。つまり**赤字**の状態です。

さらにグラフを右に見ていくと売上のグラフと総費用（固定費＋変動費）のグラフが交わる部分があります。これは売上＝総費用（固定費＋変動費）となり、赤字を脱出して、**利益ゼロ**になったことを表しています。この点を**損益分岐点（BEP：Break Even Point）**と呼びます。損益分岐点という漢字から、その意味がよく分かります。損（赤字）と益（黒字）の分岐（分ける）点だということです。この売上まで売り上げると赤字を脱出するという分岐点です。**経営者にとってはとても重要な数値**です。当然ですが、会社ごとにこの数値は違います。

一般的に、大企業は、この損益分岐点売上高が大きく、中小企業の損益分岐点売上高は小さくなります。自社の損益分岐点売上高を把握できれば、それを売上と比較してみてください。その割合、**「損益分岐点売上高÷売上」が低ければ低いほど、黒字になりやすい企業体質**だと分かります。ですので、経年で自社の数値を追いかけてみると、黒字体質かどうかを把握することができきます。

損益分岐点売上高に加えて、損益分岐点の売上を上げるのに必要な商品Aの販売数を把握しておくことも重要です。つまり、**商品Aをいくつ以上売れば利益が出るのかが分かる重要な数字**だからです。本書では損益分岐点販売数量（BEPQ）と呼ぶことにします。

損益分岐点を下げる3つの方法

損益分岐点（BEP）、正確に表現すると損益分岐点の販売数量（BEPQ）を下げる方法について考えてみましょう。

BEPQは、黒字になるために必要な最低販売数量です。経営者にとって、同じ商品を100個売れば黒字になる状態と50個売れば黒字になる状態を比較して、どちらの状態が好ましいでしょうか。もちろん、より販売数量が少ない50個で黒字になる状態が好ましいはずですね。

当然ですが、経営者は損益分岐点（BEP）、損益分岐点販売数量（BEPQ）をできるだけ下げたいのです。そこで、**この数値を具体的に下げる方法**を考えてみましょう。これがまさに経営者の視点なのです。

137ページに**図26**を再掲しました。損益分岐点を下げるにはどうしたらよいでしょうか。損益分岐点は売上のグラフと総費用（固定費＋変動費）のグラフの交点です。**X軸（横軸）が販売数量を表していますので、この交点が左（販売数量が小さくなる方向）に移動すればよいわけです。**

このグラフは3つの直線からできています。それぞれ、右肩上がりの売上のグラフ、横に一直線の固定費のグラフ、右肩上がりの変動費のグラフです。

どうすれば損益分岐点を左側に移動させることができるのでしょうか。グラフが3つありますので、少なくとも3つの方法を見つけることができます。少なくとも書いたのは、これら3つの方法を組み合わせることもできるからです。ここでは、基本となる3つの方法を確認していきましょう。

1つは**売上のグラフの傾きを上げる方法**です。傾きを上げると、損益分岐点を表す交点部分は、左側に移動します。具体的な施策としては、傾き＝商品の単価ですから、**単価の値上げをしたり、値引きを改善したりする**わけです。

2つめは**固定費を下げる方法**です。固定費を下げると、固定費の横棒のグラフは下に下がります。すると、損益分岐点を表す交点部分は左に移動します。これもいくつか方法があります。固定費の中の無駄を省き、単純に固定費を削減する。あるいは固定費を変動費にする。たとえば自社に保有するのではなく、利用する都度支払いするように変えるなどが考えられます。ただし固

（再掲） 図26　売上、変動費、固定費、損益分岐点の関係を表すグラフ

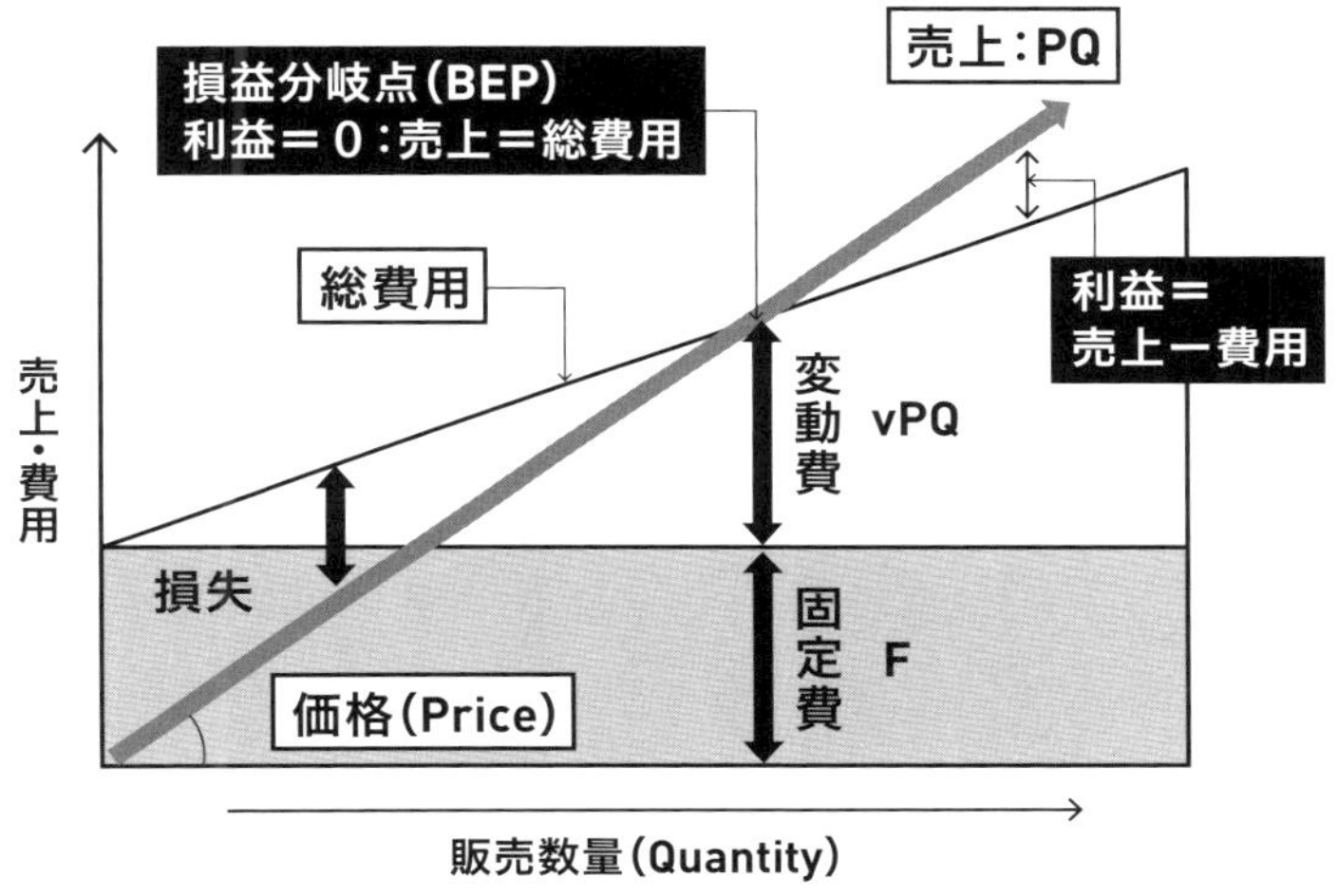

定費を変動費に変更すると、変動費のグラフの傾きが大きくなり、損益分岐点を表す交点は右側（販売数量が大きくなる方向）に移動します。それとのバランスが重要です。

３つめは、**変動費のグラフの傾きを下げる**、つまり商品Aを販売するのにかかる変動比率を下げるわけです。すると損益分岐点を表す交点は、左に移動します。これには単純に発注価格を下げる方法も考えられますし、あるいは業務フローを見直して、無駄な工程を省く、合体させるなどして、安くする方法などもあります。

ちなみに、３つの方法「価格を上げる」「固定費を下げる」「変動比率を下げる」のうち、どの方法が損益分岐点を下げるのに最も

効果があるのでしょうか?

詳細は省きますが、**最も効果的なのは、「固定費を下げる」**なのです。優秀な経営者は常に損益分岐点を下げたいと考えています。つまり、優秀な経営者は「固定費を下げる」ことが最大の関心事なのです。これを覚えておいてください。

具体的に固定費を下げるためには、自社で保有(=固定費)するのではなく、**外注(アウトソーシング)すれば良い**のです。もちろん、自社に保有したいものもたくさんあります。しかし、基本原則としては、自社保有ではなく、他社に依頼することで変動費にしたいのです。そして、売上が確実に見込める場合だけ、自社保有=固定費として、確実に利益を確保したいのです。特に企業規模が小さいときは尚更です。

「売れるものは自社で、売れるかどうかわからないものは他社で」という戦略は、アマゾンを見ていると忠実に実行しているのが良くわかります。アマゾンは新しい商品カテゴリーに参入する際、最初はマーケットプレイスとして、様々な小売店の販売仲介をしています。**売れたら、小売店に変動費として手数料を支払います**。結果、アマゾンの利益は限られていますが、リスクは相対的に小さくなります。コストを変動費にしているからです。

ところが、その商品カテゴリーの売上が確実に上がることが分かると、アマゾン自身で、商品を仕入れて自社販売を開始します。**自社として固定費をかけてリスクをとる**わけです。一般的に経営者は、固定費にすることを避けたいと考えます。しかし、アマゾンは、すでにマーケットプレイスを通してその商品のニーズや売上の見込みがあることを把握しているので、固定費にしてもリスクは少ないと判断できるわけです。アマゾンは、商品が安いイメージを作り上げているのも上手ですが、本当にマーケティングの原理原則を理解している会社だと思います。

話をもとに戻しましょう。一般的な企業は固定費を下げて、変動費を上げたいわけです。その「固定費を下げる」には、前述したように2つ方法があります。

1つは無駄などを省いて固定費自体を下げる方法。もう一つは固定費を変動費に変える方法です。**売れた分だけ、あるいは使った分だけ払うように変更する**ということです。

具体的には、自社で保有するのではなく、利用する都度支払うということです。世界的にクラウドビジネスやシェアエコノミーが大きく伸びているのは、この「固定費を変動費」にすることができるからです。経営者あるいは経営者の視点を保有している人たちのニーズにとても合っているのです。

ＩＴ業界を例にとると、従来、大企業は、自社でシステム開発をし、データを保管し、プログラムを動かすサーバーを自社で所有していました。つまりシステムやデータを活用・保有することは固定費でした。他に選択肢がなかったのです。

ところが、固定費を変動費に変更できる方法ができたのです。**それがクラウドサービス**です。当初はインフラ部分のみがサービスの対象でした。しかし、現在では、システム関連の大半はクラウドに乗せ替えられるのです。そこで、多くの企業が、AzureやAWSなどのクラウドサービスを活用し出しているのです。

クラウドサービスは、使った分だけ費用が発生する料金体系。つまり従来固定費であったものを変動費に変えることができるのです。クラウドの利用者が増えているというのは、固定費から変動費に大きく舵を切っていることを示しているとも言えるでしょう。

当初は経営者の視点で判断を行う企業だけがその恩恵を享受していました。判断をしない企業群は、クラウドサービスはセキュリティーが劣っているという話をして、変化を妨げていました。しかし、現在では政府、金融機関が情報系だけではなく勘定系といった基幹システムまで活用するようになっています。それほど**「所有から使用」、あるいは「固定費から変動費」の流れは大きい**のです。

勉強会で元は取れるのか？

さて、経営者は「利益」を考えているという話をしました。言い換えると、**投資したお金はプラスになって返ってくるのかどうか判断しています。**１００万円使ったら、１００万円以上になって返ってきてほしいのです。そうならないと利益が出ないからです。

第1章の**図7**を題材にしたケーススタディを思い出してください。最終的には、関西とエリアの営業担当を集めて勉強会をすることで販促を検討することを上司に提案しました。良い提案かもしれません。

しかし、立場を逆にしてあなたが上司の営業責任者であったらどうでしょうか？　勉強会の実施は有効かもしれない。しかし営業担当を集めて、**勉強会を実施したとしても、効果が出ない可能性もあります。**それは避けたいものです。特に今回は、関西とエリア（おそらく本社である東京から離れた）の営業担当を集めての勉強会の提案を受けています。時間もコストもかかります。それで効果が思わしくなければ目も当てられません。

もちろん、勉強会をテレビ会議などで実施することで、移動費用や移動時間を削減することは

（再掲）　**図7　エリアごと、商品ごとの営業成績**

単位：万円

	達成状況	合計	商品A	商品B
首都圏	⚑	3,800	2,150	1,650
関西	⚑	1,680	1,140	540
東海		1,120	700	420
エリア	⚑	3,900	2,850	1,050
合計	⚑	10,500	6,840	3,660

※「エリア」とは、北海道、東北、北陸、甲信越、中国、四国、九州などを指す

可能です。だとしても、上司の視点で考えると、判断するための情報が少なくて、簡単にYESと言いにくい可能性もあります。

つまり、営業責任者の気持ちとしては、「勉強会は良いけれど、効果はどれくらいあるの？」あるいは**「投資に見合った効果があるのかどうか」**をざっくりとでも良いので知りたいのです。

上司である営業責任者はバカではありません。すべてのことを正確に把握できるとは思っていません。でもざっくりとは知りたいのです。何度も「ざっくりで良い」と書いているのは、**ほとんどの人が数字で説明してくれないからです。**

その際に、たとえば、あなたが次のように回答できたらいかがでしょうか？

「首都圏と比較すると関西、エリアの商品Bの基本企画の売上は1人あたり月額60万円少ないことが分かっています。もしも今回の勉強会に参加した営業のうち、半分の人に効果があるとしたらどうでしょうか？　関西の営業担当は6名、エリアの営業担当は15名ですので、1月当たり約600万円の売上が見込めます。

〈勉強会によって、見込める売上増加額（1月当たり）〉
（6人＋15人）×50％×60万円≒600万円

この数字は、5月の売上1億5000万円を基準に考えると、

〈勉強会によって、見込める売上アップの割合〉
600万円÷1億5000万円≒6％

これで当初の目標の5％を超えることができます。ポイントは2つです。首都圏との差分である60万円を埋められるような改善点を見つけることができるのか？　もう1つは、勉強会を実施する際に参加者の半数に効果が出せるようなコンテンツを作成できるのかです。この両者につい

て詳細を検討するので、その際は事前にチェック頂けないでしょうか?」

このように説明できたらどうでしょうか? 勉強会を企画する商品Bの企画担当に、この程度の売上アップ（参加者の半数が月額60万円売上アップできる）を見込めるような勉強会の企画内容（コンテンツ）を作れるのかどうかを検討してもらうと良いわけです。

月額600万円の売上アップという効果（Return）を推測するのと同時に、**そこにかける投資（Investment）も確認しておくこと**が必要です。

たとえば、移動コストが関西担当者1人当たり3万円、エリア担当者1人当たり5万円としましょう。

〈移動コストの合計〉

関西：3万円×6人＝18万円

エリア：5万円×15人＝75万円

合計：93万円

また、彼らは勉強会の移動のために1日営業できなくなります。1日当たりの営業の損失売上を5月分の売上から計算すると、

〈営業の損失売上の合計（1日当たり）〉

関西分：月間売上1680万円÷月間営業日数20日＝84万円

エリア：月間売上3900万円÷月間営業日数20日＝195万円

合計：279万円

〈移動コストと営業の損失額の合計（関西＋エリア）〉

（移動コスト）93万円＋（売上減少）279万円＝372万円

売上増加を600万円と想定しましたので、投資対効果は「効果600万円÷投資372万円」＝161％です。つまり372万円の投資をして、600万円の売上しか上がらないので投資対効果は161％だということです。

161％という数字は投資よりも効果の方が61％大きいということですので、良い数値です。ところが冷静に考えてみると、投資側の372万円という数値はリアルな数値。リアルと書いたのは

間違いなく使うコストです。一方の、**効果側の数値はあくまでも推定、あるいは願望にすぎません。**空手形の可能性もあります。これでは上司は勉強会を実施するのを躊躇してしまいます。

そこで、**勉強会をテレビ会議で実施してはどうでしょうか。**移動時間がなくなるので、営業の拘束時間を半分に減らせますから、損失売上は２７９万円の半分の１４０万円になります。移動コストの93万円も不要になります。

でも、テレビ会議では、効果も少し下がるかもしれません。売上側の効果も減らして、６００万円×90％と見積もると５４０万円になります。するとテレビ会議で実施した場合の投資対効果は、「効果５４０万円÷投資１４０万円」＝約３・９倍。約4倍ですので投資対効果はかなり高いと言えるでしょう。これならば、勉強会の実施を判断できるかもしれません。

さらに勉強会の売上効果が**一過性ではなく一定期間見込める、**仮に今後半年間効果があるとしたら「効果５４０万円×６カ月」＝３２４０万円となります。すると投資対効果は、「３２４０万円÷投資１４０万円」＝約23倍となり、これならば、営業責任者の上司は、勉強会を実施すべきだと判断できるのではないでしょうか。

ここで計算に使ったのも四則演算だけです。四則演算だけで、営業向け勉強会の可否の判断がしやすくなったのではないでしょうか？

このように短時間で数字を把握する際に「フェルミ推定」が役立ちます。繰り返しになりますが、フェルミ推定は四則演算を活用して仕事のレベルアップを行う有効な手法の1つです。

その費用は投資かコストか

本章の冒頭で、**経営者は利益で物事を見ている**という話をしました。投資対効果、効果を投資で割った数値でその投資の是非を判断します。

たとえばROIが1倍以下である場合は、投資よりも効果が小さいことを意味します。そのような施策は意味がありませんので、絶対に実施しません。当然です。1倍を超えるのは必須です。しかし、実際は、想定通りに施策が進まないケースも少なくありません。ですので、ROIは、その施策がうまくいかない危険性も考慮して割引する必要があります。たとえば、計算上のROIを5割の**「危険率」**を掛けて計算します。ROIの数値が2倍で、その危険率が5割であればROI＝2×危険率（5割）＝1となります。

ちなみに、企業が使用するお金、費用は2つに大別することができます。投資とコストです。この2つの違いを理解して費用のコントロールをすることが必要です。投資は効果が計算できる費用。コストは効果が計算できない費用です。**コストを正確に表現すると、「あなたが効果を計算していない費用」**です。

投資は、前述のようにROI、つまり効果との比較で、実施するかどうかを決定します。一方のコストは効果が不明確ですので、できる限り極限まで小さくします。当たり前ですね、効果が不明確な費用は一円も使いたくないと考えるのが優秀な経営者です。

先ほど、コストは、正確に表現すると「あなたが効果を計算していない費用」だと書きました。これは、あなた以外の優秀な人であれば、効果を計算できるかもしれないという意味を含んでいます。あなたが、怠け者だったり、あるいは先入観にとらわれているとか、実際に効果をイメージすることができなかったり、これらの組み合わせで、効果を明確にできていないだけなのです。

私は研修会社の経営企画をしていた経験があります。その際に、営業研修を受講した人たちが研修前後でどの程度効果（具体的には、売上アップ）があったのかを明確にして、営業資料に使おうという提案をしたことがあります。実際、その会社の営業研修の効果は高く、受講者は研修前後で平均10％程度売上アップをしていました。とても大きな成果です。ところが、この数値を提示するのを多くの人が反対したのです。

理由は次のようなものです。そもそも営業研修を受講する人は選抜された人であり、研修という機会を活かすことができる。だから営業成績が向上するのは当たり前だ。また、営業成績を向上させるものは、研修以外の要因も大きい。担当顧客の状況、市場の状況、販売商品と同業商品の相対的競争優位の状況などを考慮しないといけない。

みな、その通りです。先ほどの10％はあくまでも、**相関関係があることを示しているだけで、因果関係までは分かりません**。正しくない可能性があるので、営業資料に提示したくないというのです。まったく正しい見解だと思います。

ところが、外資系の同業他社は営業研修前後での成果を「5％アップ」と謳っていました。もちろん、きちんとサンプルなどを明確にし、因果関係ではなく、相関関係だと書いていました。

先ほどから、**経営者は費用対効果（ROI）を判断の基準にする**、と述べています。実際は研修受講と10％の営業成果に相関があるのだけれど、それを明記していない資料と「受講者は5％売上アップしている」と明記している資料、どちらが顧客企業内で決裁を取りやすいでしょうか。

同業他社の研修を受講すると、受講者の人数×平均売上×5％が効果だと計算できます。受講者の人数×営業研修の受講料と営業研修参加日数による売上機会損失が投資です。これを比較して、危険率を掛ければ、同業企業の営業研修を受講すべきかどうかの判断ができます。

ところが私がいた会社の営業研修は、前述のように、効果は同業他社よりも高いのですが、それを明記しません。結果、**導入を検討する企業から考えると、投資ではなくコストになってしまうのです**。このように、本当は投資対効果が高いのにもかかわらず、それを明確にしていないケースが多いのです。本当にもったいないと思います。

繰り返しになりますが、費用は、投資とコストに大別できます。みなさんが費用を使う際は、**できる限り、その効果を可視化し、ＲＯＩを確認する習慣をつけること**をお勧めします。そのためにも52ページで説明したフェルミ推定の考え方は有効です。

儲けのセンス

2 2軸思考

2つの軸で整理する

さて、ここからは少しテーマを変更しましょう。数字の応用編として、私の経験を少し披露したいと思います。

私は物事を考える時に2つの軸で考えることがよくあります。

2002年にフランスのINSEAD（ビジネススクール）のエグゼクティブ・マーケティング・コースに参加する機会がありました。本当は前年2001年9月末からアメリカのノースウエスタン大学で、マーケティングのグルであるコトラー教授主催のマーケティング・コースに参加する予定だったのですが、911（セプテンバー・イレブン）がアメリカで起き、リクルートはすべてのアメリカ出張を禁止しました。その影響で渡航先を変更した私は、フランスにあるINSEADを選んだのです。その時までINSEADを知りませんでした。

しかしこの機会に、マーケティングの基礎を学び直すことができました。特に様々なデータを2軸で表現する重要性を学べたのがラッキーでした。**適切なデータを適切な2軸で表現すると、事実が浮き彫りになる**のです。今回は、そのうちのいくつかの事例を紹介することにしましょう。

顧客満足度とロイヤルティ

一般的に顧客満足度を高めると、売上が増加すると言われています。相関関係はありそうですし、因果関係もありそうです。つまり、顧客満足度を高めると、ロイヤルティ（再購入意向）が高まるということです。

顧客満足度を高める→ロイヤルティ（再購入意向）が高まる→実際に再購入する。結果としてライフ・タイム・バリューが高まる→さらにエバンジェリスト（自らその商品を宣伝までしてくれる）になってくれる、というフローが期待できます。ここまでくると、顧客が顧客を呼んでくれるので、マーケティングコストが下がり、企業の収益率が大幅に向上します。とても重要な考え方です。

当時の私は、これを盲目的に信じていました。しかし、**実際の場面では、その関係には強弱が**

図27　顧客満足度とロイヤルティ（再購入意向）の関係性

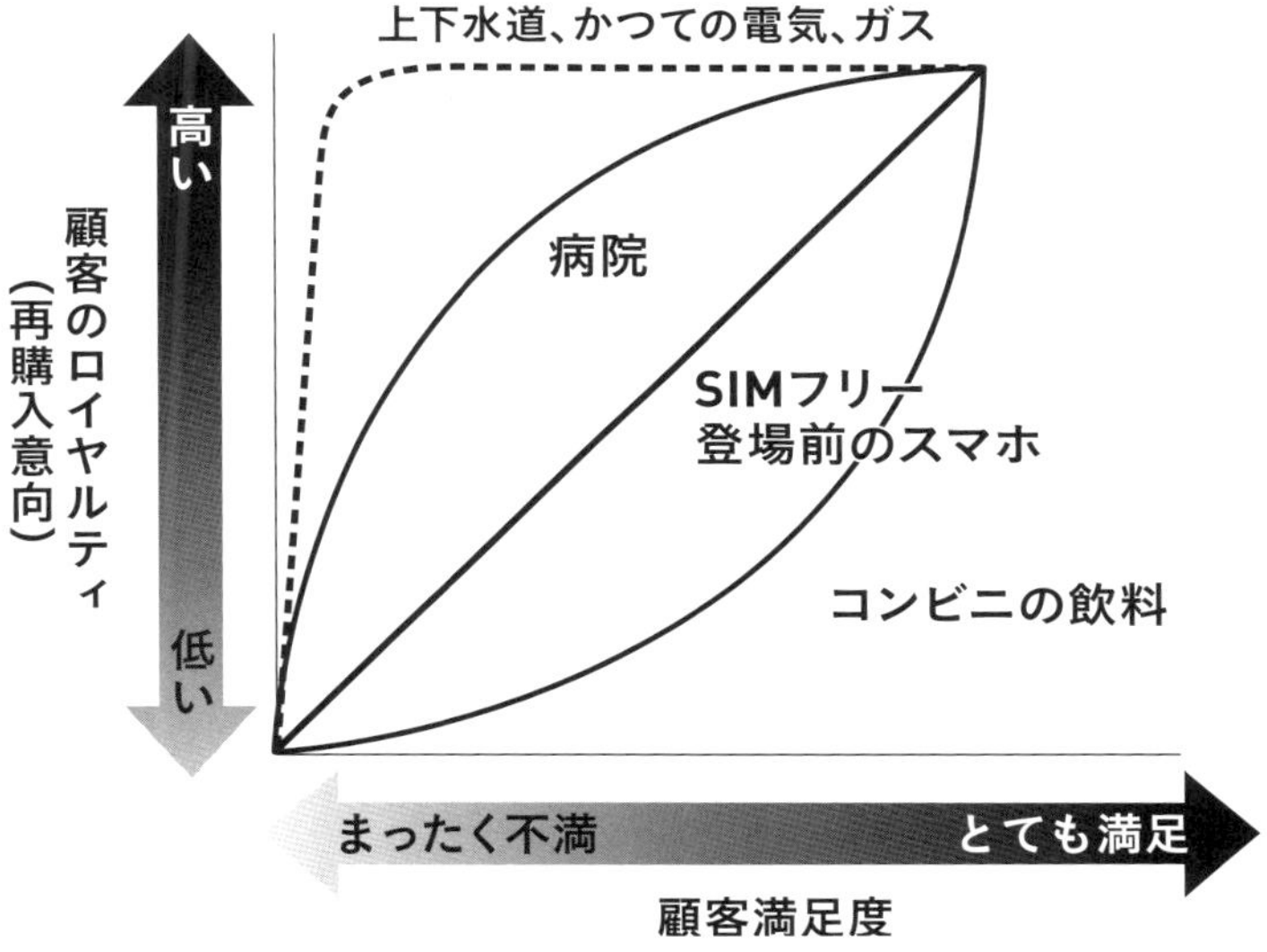

あるのです。それを理解するために2つの軸を考えてみます。

具体的には、顧客満足度とロイヤルティ（再購入意向）の2つを軸にして、商品ごとにプロットしてみます。**図27**はその一例です。

図を見ると不思議なことに気づきます。確かに、顧客満足度が高まるとロイヤルティは高まっています。しかし、その関係性はいくつかパターンに分類されるのが分かります。

具体的には、顧客満足度が高くなってもあまりロイヤルティの数値が高まらないグラフ。もう一つは逆に顧客満足度が低くてもロイヤルティが高いグラフ。

何が違うのでしょうか。**違いは「代替商品への変更が容易かどうか」**です。

マーケティング用語ではスイッチングコス

トが高い、あるいは低いといいます。スイッチングコストが高い商品とは、代替商品が少ない、あるいは、あったとしてもそれに変更する手間やコストがとてもかかる商品です。

たとえば、**自宅の水道**などは典型的でしょう。水道に何らかの不満があったとして、変更するのは手間がかかります。代替商品は、自分で水を引く、あるいは川から汲んでくる、あるいは水を購入する、などでしょうか。これは、なかなか選択できません。

つまり、このような代替商品が少ない製品・サービスでは、**企業が顧客満足度を高めなくても、顧客は、自社商品（今回でいうと水）を購入し続けてくれる**のです。これでは、企業が顧客満足度を高めようという動機は生まれにくいでしょう。昨今、水道事業の一部を民営化しようという話が上がっています。これを危惧する人たちは、生活用水には代替商品がないので、民営化され、将来の値上げがあったとしても選択肢がない、つまりどんな値上げも飲まざるを得ないことを憂いているのです。

ついこのあいだまでの電気やガスなどのインフラ関連もそうでした。代替策がありませんでした。ところが、電気・ガスの自由化が始まりました。選択肢が増えたのです。現在は、商品ごとの差異が小さく、分かりにくいのですが、時間が経つにしたがい、顧客満足度が低いままだと、ロイヤルティが下がってしまい、容易に競合企業へスイッチされてしまうかもしれません。

逆に、顧客満足度が少し下がるとロイヤルティも下がる商品とは何でしょうか。これはスイッチングコストが低いものです。少しでも不満を持ったら、競合商品に替えてしまうのです。**コンビニエンスストアで購入できる商品**などは、その代表でしょう。何か飲料を購入しようとした際に、いつもの棚にその商品がないだけで、他の商品を購入した経験があるのではないでしょうか？　商品そのものに不満がなくても、その商品をすぐに購入できないという不満だけで、ロイヤルティが下がるのです。

携帯電話会社が、ＳＩＭフリーにすることを抵抗していたなどは分かりやすいですね。ＳＩＭフリーにすると他の携帯電話キャリアに変更するのが容易になります。格安携帯電話も利用しやすくなります。つまりスイッチングコストが下がるので、**少しの顧客満足度低下でロイヤルティが下がってしまう**のです。

基本的に、競争環境は厳しくなる一方なので、グラフは、左上側から右下側シフトしていきます。消費者にとっては選択肢が増えるので嬉しいですね。しかし、供給する側の企業にとっては競争が厳しい世の中になっていきます。

2本線を引く

「2軸で考えてみる」とは、「2つ線を引く」ということです。

大事なのは、軸を作って、それをグラフにするとどのような「絵」になるのかを想像することが重要です。次に、**その絵になるとするならば、どのような意味があるのかを考える。**ここまでくればしめたものです。仮説ができていて、そしてグラフを作れば検証できるのです。

もちろん、グラフを作ってみたら想像通りにならないケースもあります。それもまた想像通りではなかったという事実が分かるわけです。次回以降は、それを検討しないで良いというメリットがあるのです。

ちなみに2つの線は、グラフのように縦軸、横軸とするケースと十字にするケースの2通りがあります。

前者のグラフにするケースは、2つの変数の関係（主には相関）をはっきりさせるケースです。後者の十字にするケースは、4つの象限に分類して、その特徴を明らかにするものです。有名なのは、アンゾフのマトリックス、ＰＰＭなどがありますね。アンゾフのマトリックスは、**図28**の

図28　アンゾフのマトリクス

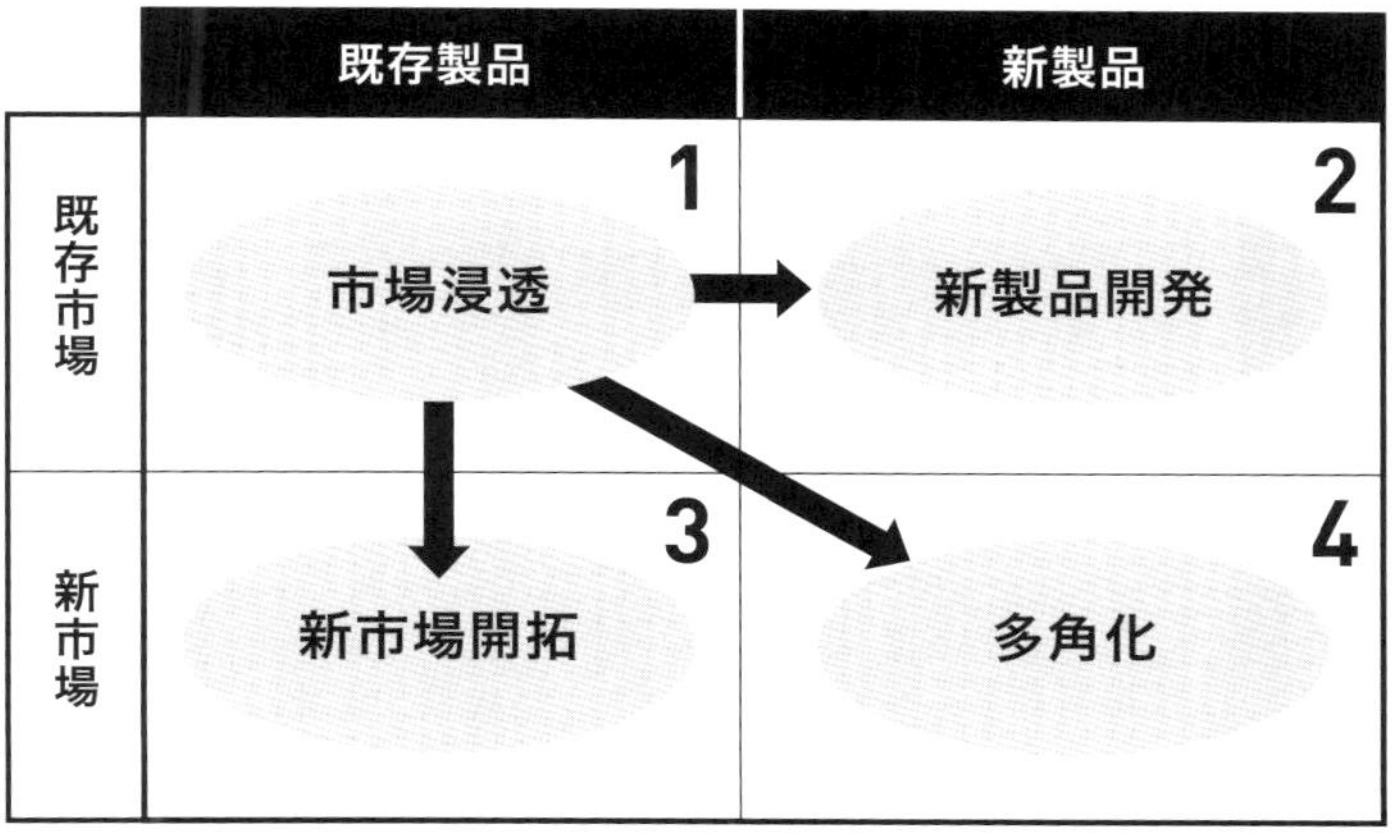

ように製品軸と市場軸という2つの軸を設定し、それぞれ「既存」「新規」と分類します。それぞれすると4つの象限に分類できます。それぞれの象限に代表的な成長オプションを明示しておきました。

たとえば第一象限は既存市場×既存製品です。ここでは市場浸透が成長オプションになります。第二象限は、既存市場×新製品。ここでの成長オプションは新製品開発となります。第三象限は新市場×既存商品です。ここでの成長オプションは、新市場開拓。最後の第四象限は、新市場×新製品です。ここでの成長オプションは、（狭義の）多角化となります。

ＰＰＭはプロダクト・ポートフォリオ・マ

図29　プロダクト・ポートフォリオ・マネジメント（PPM）

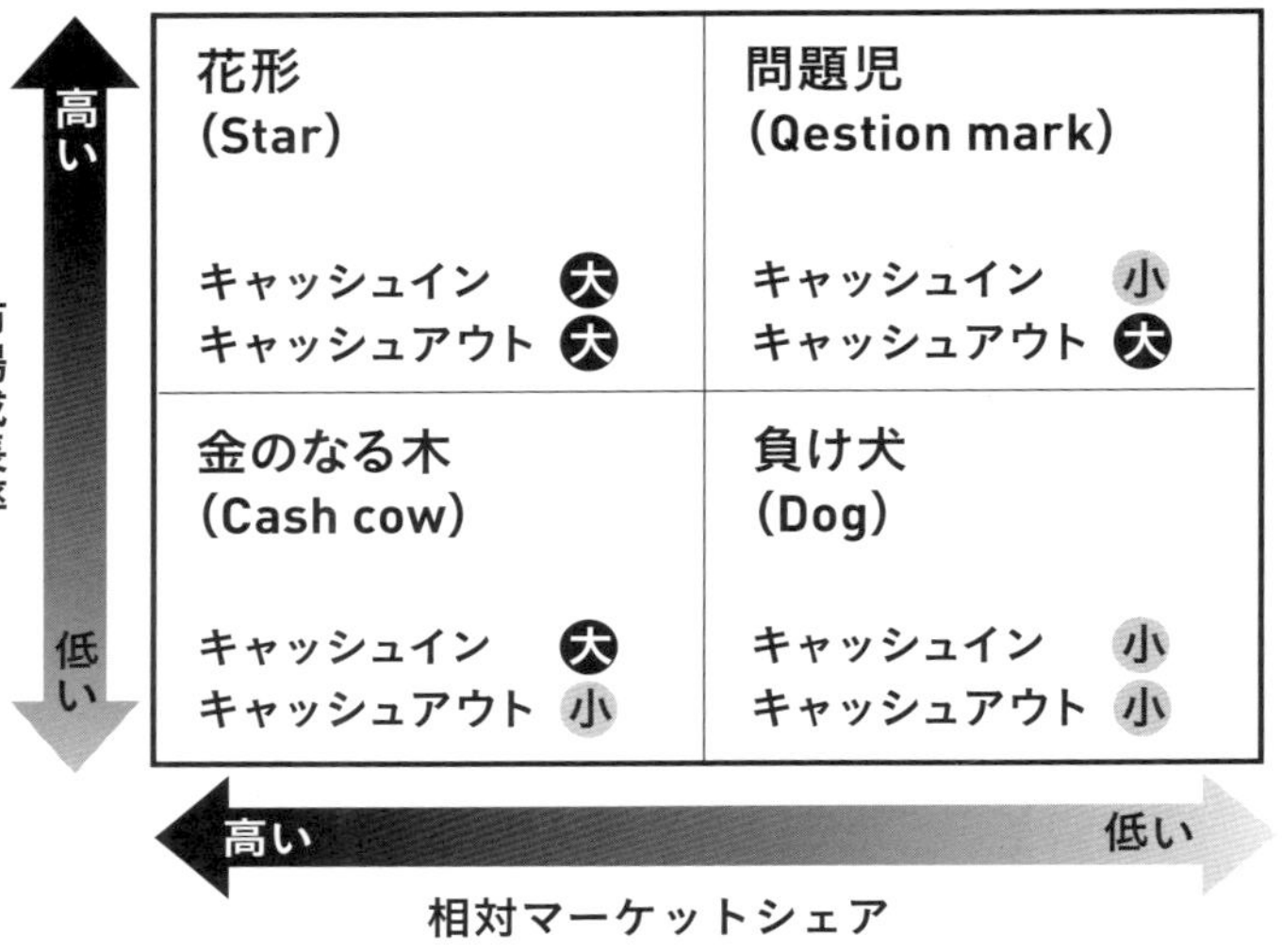

ネジメントの略で、ＢＣＧ（ボストン・コンサルティング・グループ）が考案したフレームワークです。**図29**のように一軸は製品ライフサイクルを市場成長率とし、もう一軸は経験曲線効果を相対的市場占有率として、製品を4つの象限に位置づけました。そして、それぞれにどのように経営資源を配分するべきかを示しました。

「市場成長率高×マーケットシェア低」に位置づけられる製品は**「問題児」**と分類します。可能性はあるけれど、可能性に賭けるには投資が必要です。

「市場成長率低×マーケットシェア低」は**「負け犬」**と分類し、撤退を検討します。「市場成長率高×マーケットシェア高」の製品は**「花形」**と分類します。儲かって仕方ない製品だということです。最後は「市場成長率低×マーケットシェア高」の製品で、これは**「金のなる木」**と分類します。できる限り投資を抑え、利益を生み出すように仕向け、他のカテゴリー、たとえば問題児もしくは花形商品に投資を回します。

これらのようにイケテイル軸を見つけることができると、課題が一気に解決できます。では、いくつか例を見ていきましょう。

売上高と利益率

次は、売上高と利益率を散布図としてプロットした**図30**です。これは私が工務店を調査した際のデータを分かりやすく示したものです。売上が増える、**つまり規模が大きくなるにしたがい、利益率がどう変化するのか**を見たかったのです。

本来、工務店は、受注産業で、倒産しにくいはずなのですが、倒産することもあります。その理由を見つけたかったのです。**このシンプルな「売上」と「利益」という2つの軸を見つけることで、工務店業界の状況が一目で分かるようになりました。**

図30　工務店の売上と利益率の散布図（イメージ）

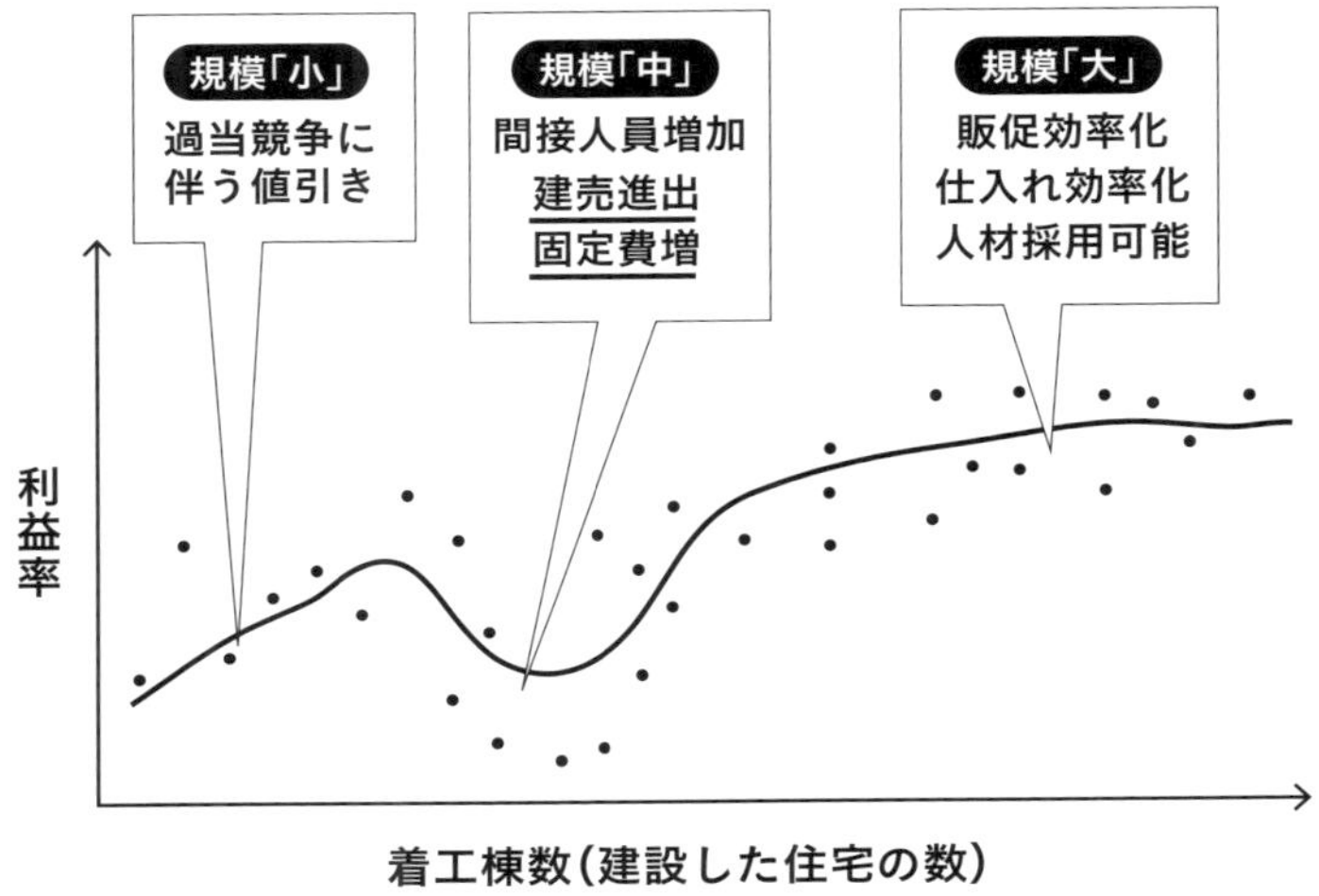

少し詳しく注文住宅のビジネスモデルを説明しましょう。注文住宅を建てる工務店は、前述のように基本は倒産しづらい事業モデルです。なぜならば、顧客の要望を見積もりして、それに利益を乗せて請求するわけです。これがきちんと成立するならば、必ず利益が出ます。

ところが、これを妨げる力が働くのです。

一つは、**競争**です。小規模な工務店は、同業との競争に巻き込まれ、乗せる利益を小さくしがちです。

また、注文住宅やリフォームは**クレーム産業**です。結果として、見積もり以上にコストがかかるケースもあります。よって規模が小さい工務店の利益率は低く、規模が大きくなるにしたがい、利益率が高まります。

ところが、データをプロットしてみると中堅規模の利益率が低いのです。

これは主に2つの理由がありました。1つは、**規模が大きくなると間接コスト、たとえば本部スタッフの数が増える**のです。規模に対して、間接人員が増えて利益率を下げます。

また一部の会社は、注文住宅に加えて建売住宅事業に進出します。**注文住宅は顧客と何度も打合せをするなど、手間がかかり利益率は決して高くありません。**一方の建売住宅は、顧客と打合せをするのではなく、自社で仕様を決めて家を建てるわけです。材料費も下げられます。うまく土地を仕入れて、うまく売れれば、利益率は高くなります。

注文住宅事業者から見ると、建売住宅事業は、楽に儲けることができるように感じるのです。**しかし、おいしいだけの話はありません。**土地の仕入れと実際に家が売れるまでにタイムラグがあり、その金利負担も必要です。販売のための販促費もかかります。場合によっては、値引きも必要です。注文住宅よりもリスクがあるのです。

この散布図で、中規模の工務店の利益率が低いのが分かります。このあたりの規模の工務店は倒産のリスクがあったのです。

さらに規模が大きくなると、これらのリスクもマネジメントでき、結果、利益率も高まるのです。売上高と利益率を散布図にすると、このように今後の取引に役立つ考察を得ることができました。

取引額順位と累計利益率

図20を再掲します。横軸に取引額の順位、縦軸に累計の利益率をプロットした図です。会社により異なりますが、この図から2つのことが分かります。実は想定以上に赤字の取引先が多いということです。もう1つは、2割程度の顧客で8割以上の利益を出しているということです。

特定の顧客群から売上の大半、利益の大半を生み出しているのです。赤字の顧客群については詳細分析が必要です。**悪い赤字顧客と戦略的な赤字顧客を分別する必要があります**。悪い赤字顧客とは、値引きや過剰サービスなどを行っている顧客群です。戦略的な赤字顧客とは、新規取引顧客などに代表されます。今後取引が増えるのが期待される顧客群です。

赤字顧客のリストに取引期間のデータを付加し、一社一社確認していくと良いでしょう。かつて取引が大きかった際に実施していたサービスや値引きなどが、取引が減少し赤字になった今でも継続されているケースがあります。このような顧客群に対して、どのように対応するのかを決定し、実行することが重要です。

（再掲）

図20　顧客を取引額順に並べると「パレートの法則」になっているケースも

取引上位20%の顧客で全体売上の80%を占めています

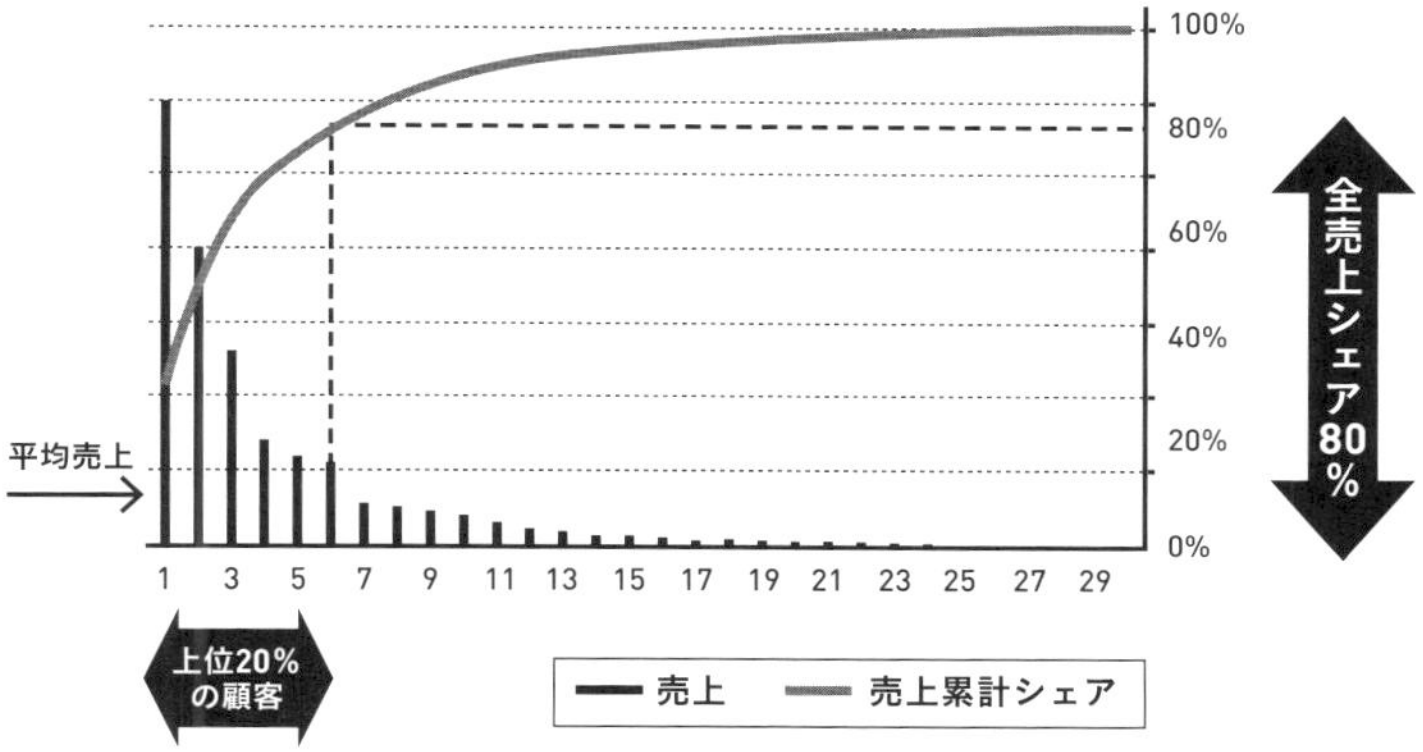

取引上位20%の顧客で全体利益の120%を占めています

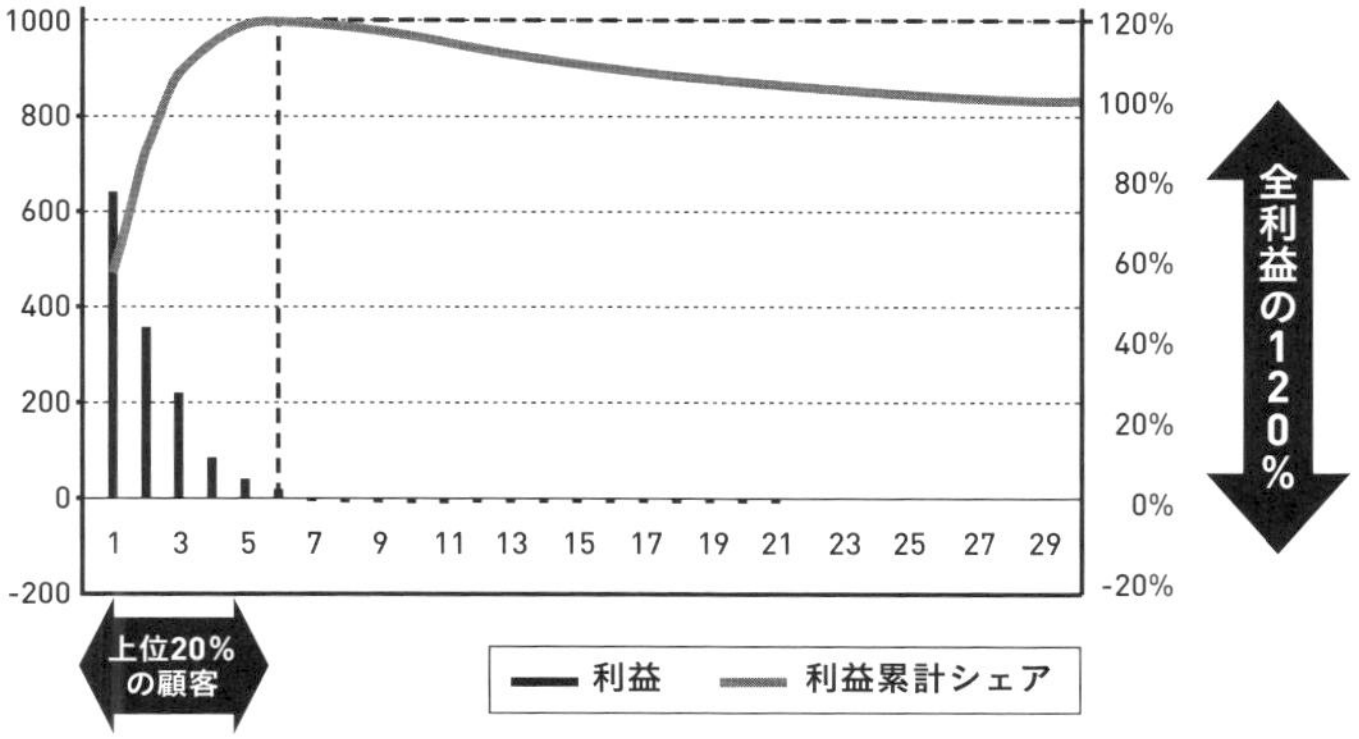

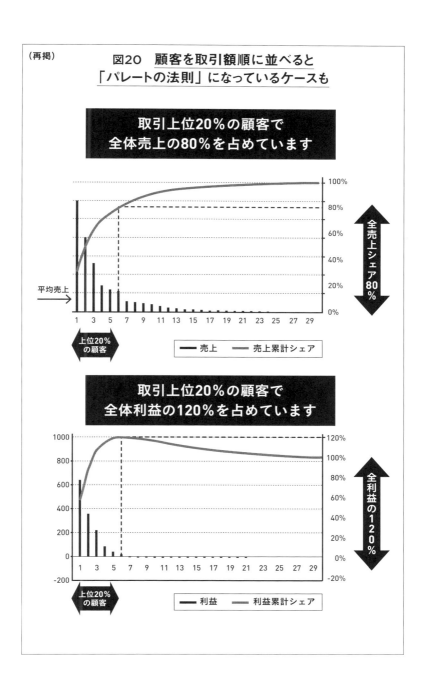

図31　社員の給料をプロットした図

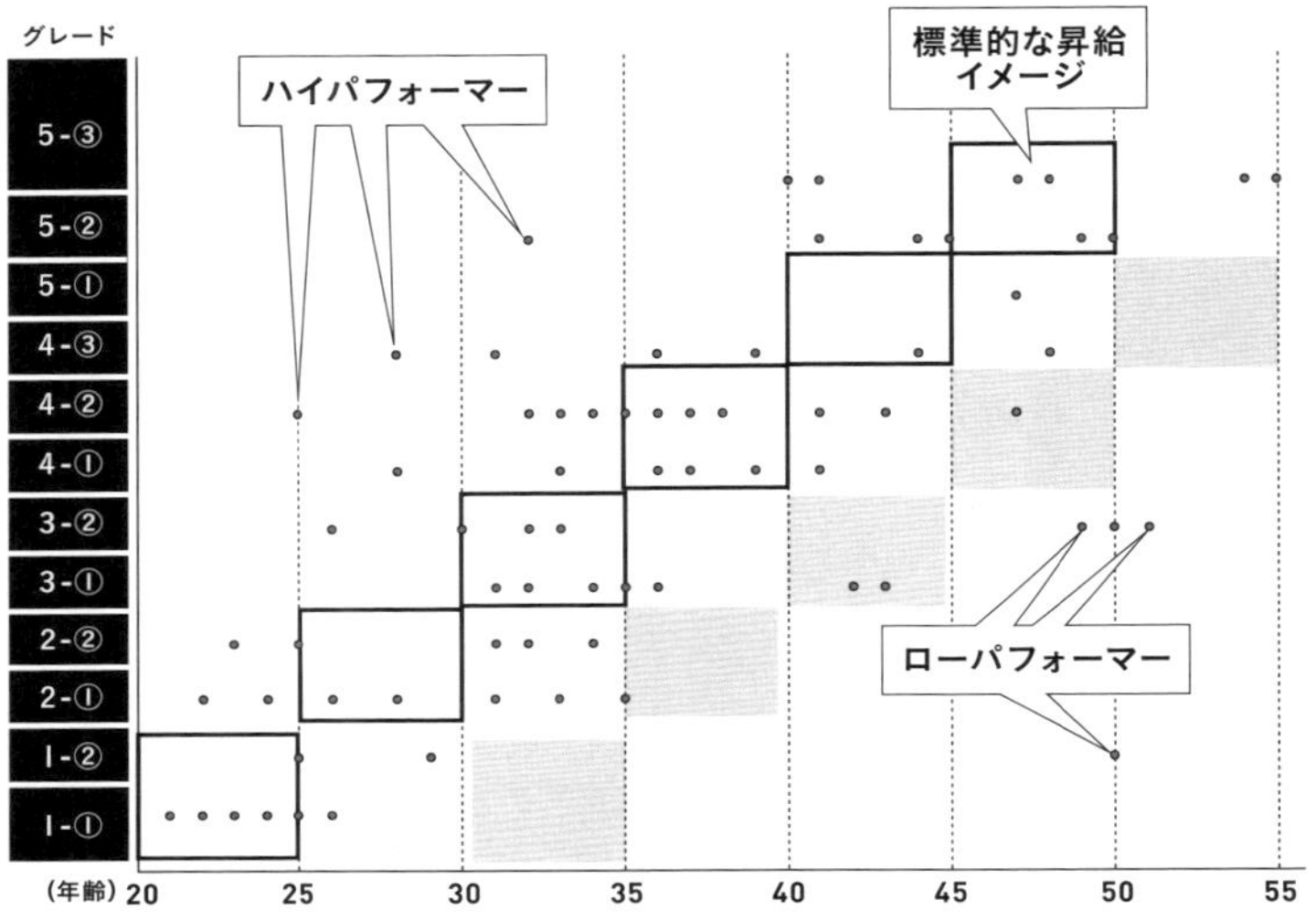

年齢と給料

図31は、横軸に年齢、縦軸に給料をプロットしたものです。標準的に中間管理職、上級管理職になる年齢とその時の給料をプロットしています。

左下から右上へ昇るようにある枠より上にいる人たちは、昇進スピードが早い「ハイパフォーマー」グループと言えます。

逆にこの枠よりも下にいる人たちは、昇進スピードが遅く、大きく下にずれている人たちは、過去のパフォーマンスが低かった「ローパフォーマー」たちと言えます。

必ずしもこのデータだけでハイパフォーマー、ローパフォーマーを決めることは乱暴ですが、簡単に作れる一次資料しては、参考になるのではないでしょうか。

儲けのセンス

3 数字のストックを増やす

数字が読めれば、景気動向も見えてくる

日本は統計数値が豊富です。どのような数値がどこにあるのか知っている、あるいは、それらのおおよその数値を知っていると、**フェルミ推定や仮説力の精度が高まります**。仮説力の精度が高まると、施策の精度が高まります。すると、結果として儲けのセンスも高まります。

企業関係の数値を把握する際は、経済産業省のホームページが便利です。たとえば「平成28年経済センサス・活動調査　産業横断的集計」という資料があります。これは平成30年6月に出された資料で、前回調査の平成23年のデータとの比較が分かります。そのなかからいくつかキーになるデータを確認してみましょう。

まず**売上関連**です。平成28年の日本の売上高（収入）は約1625兆円（平成23年比＋22％）。**5**

年前と比較すると約2割増加しているのが分かります。5年で2割強、つまり毎年4％売上がアップしていた計算になります。

同じく付加価値額は約290兆円（平成23年比＋18％）。付加価値額は毎年3％強増加した計算になります。なかなか立派な数字ではないでしょうか。

ちなみに今回のデータでの「付加価値額」は営業利益に人件費と租税公課（税金や公の負担金）を加えたものです。

産業間で比較する際に、付加価値額と営業利益で違いが出るのは、主に雇用者報酬（人件費）です。業界を「労働集約型」「資本集約型」「知識集約型産業」に分類すると、資本集約型（製造業）では付加価値額と営業利益の差が小さいですが、労働集約型（介護、教育など）は、労働分配率（付加価値額に占める給与総額）が高いため、営業利益額に比べて付加価値額が相対的に高く出ます。

たとえば教育産業は、付加価値額が高い業界です。これは、労働分配率は高いのですが、労働生産性が高くなく、低賃金労働者を多数働かせている労働集約型業種だからです。また、介護業界でも同様の傾向が見てとれます。

一方、知識集約型（情報通信、専門サービスなど）は、働き手が付加価値の源泉であり、労働生産性（従業員一人当たりの付加価値額）が高くなる傾向があります。

次に、業界別に売上高のトップ3を見てみると、1位は卸売業・小売業で500兆円、2位は製造業で396兆円、3位の金融業・保険業が125兆円となります。**上位3業種で6割強を占めています**。また、いわゆる第三次産業が約7割を占めることが分かります。

売上高1億円以上の企業数を見ると、卸売・小売業が20万社強、建設業、製造業がそれぞれ11万社強あることが分かります。

一方で、付加価値額で比較すると、製造業が69兆円、卸売・小売業が54兆円、建設業が21兆円となり、上位**3業種で全業種の5割弱を占めている**ことが分かります。

次に企業数、事業所数、従業員数を見てみましょう。企業数は385万企業（24年2月比▲6・6％）。事業所数は558万事業所（同▲3・3％）。従業員数は5687万人（同＋2％）となります。企業数や事業所数は減少しているのですが、従業員数は増えているのが分かります。

都道府県別に比較すると、東京が68万事業所、大阪が42万事業所、愛知が32万事業所。**上位3都府県で4分の1を占めています**。東名阪への集中度が分かりますね。平成24年との比較では、47都道府県中、実に45都道府県で事業所数が減っています。増えているのは、宮城＋3・9％と沖縄＋0・5％の2県だけです。減少率が大きいのは、熊本▲6・5％、京都、和歌山▲5・7

図32　日本の産業のざっくりとしたまとめ

日本全体の

・売上高1600兆円で5年前と比較すると **2割増加**

・付加価値額は約290兆円で
5年前と比較すると **2割弱増加**

業界別

売上高

・卸売業・小売業で500兆円
・製造業で396兆円
・金融業・保険業が125兆円

⇒トップ3で、全体の6割強を占めています。

売上高1億円以上の企業数

・卸売・小売業が20万社
・建設業、製造業が各11万社

付加価値額

・製造業が69兆円
・卸売・小売業が54兆円
・建設業が21兆円

企業数	事業所数	事業員
390万企業	560万事業所	5700万人

「平成28年経済センサス・活動調査／産業横断的集計」より

%となっています。

従業員数について見てみると、**卸売業・小売業が１１８４万人と、20％を占めます**。つまり５人に１人は卸売・小売業に従事しています。２番目には製造業が多くて８８６万人と、15％強が従事しています。３位としては医療・福祉が７３７万人で13％を占めています。この３業種で約５割の人が従事していることが分かります。

概要を**図32**にまとめておきました。

繰り返しになりますが、これらの数字を知っている、あるいは、情報の入手方法を知っていれば、フェルミ推定の精度を高めることができます。加えて、偶然入手したデータの正誤チェックも可能です。データはこちら（http://www.meti.go.jp/statistics/tyo/census/H28y_kaku.pdf）をご参照ください。

同業界の損益計算書を構成比で比較する

前項で日本企業についてのざっくりした数字の一部について触れました。次は、複数の企業を比較する方法をご紹介します。

前述のように**「比較」はとても効果的な手法**です。「同じ業界で、ここまで明暗を分けるのか」と驚いた2社の損益計算書を**図33上部**に掲載しました。業界は地図業界で、どちらの企業もみなさん聞いたことがあるはずです。A社は大きく黒字、一方のB社はかなりの赤字になっています。実は、A社は増収増益を続けていて、対照的にB社は減収減益なのです。

しかし、実数のままでは、たとえば売上規模も約6倍（61,332/9,158）もあるので比較しづらいですね。そこで、それぞれの企業の各項目を売上に対しての**「構成比」**で比較してみます。その結果を**図33下部**に掲載しました。

このように構成比で比較すると、売上規模が異なる2社を比較しやすいことがお分かりいただけるでしょう。

それでは、損益計算書の下から見ていきます。当期純利益がA社6％、B社▲19％です。その差は25 pt。同じ業界とは思えないほどの差です。その差のうち8 ptはB社の特別損失にあるのが分かります。特別損失ですので、今年だけの一過性のものと考えて良いでしょう。

その上の両社の経常利益、営業利益、売上総利益の差はおおよそ20 ptです。つまり、**利益の差は、原価の差**だということが分かります。

B社が手を打つべきは原価削減だということが分かります。

図33　同業界の損益計算書を構成比で比較してみる

地図業界2社の損益計算書

	A社	B社
売上高	61,332	9,158
売上原価	35,345	7,093
売上総利益	25,986	2,065
販管費	20,544	3,193
うち人件費	11,776	1,499
営業利益	5,441	-1,060
営業外収益	507	112
営業外費用	86	69
経常利益	5,863	-1,018
特別利益	15	2
特別損失	52	713
税前利益	5,526	-1,728
当期純利益	3,447	-1,768

売上高に対する構成比で比較すると問題点が明確に

	A社	B社	差
売上高	100%	100%	0pt
売上原価	58%	77%	▲20pt
売上総利益	42%	23%	20pt
販管費	33%	35%	▲1pt
うち人件費	19%	16%	3pt
営業利益	9%	-12%	20pt
営業外収益	1%	1%	0pt
営業外費用	0%	1%	▲1pt
経常利益	10%	-11%	21pt
特別利益	0%	0%	0pt
特別損失	0%	8%	▲8pt
税前利益	9%	-19%	28pt
当期純利益	6%	-19%	25pt

興味深いので両社の決算発表資料を読みました。

同じ地図を扱っている両社ですが、A社は売上の8割を占める地図データベース事業が増収増益とあります。その理由として国内カーナビデータの販売が好調と記載されていました。

一方のB社は売上の半分を市販出版物が占め、そこの売上が減少しています。しかも、3割弱を占める電子売上では、簡易型カーナビゲーション関連の売上が減少との記載があります。**同じカーナビ事業に対しての業績も明暗を分けている**ことが分かりました。

また、今期の業績計画に関して、A社、B社とも増収増益を掲げていました。特にB社は原価を11pt改善し、黒字にするということでした。

ところが今期が始まり、第三四半期が終わる年末になり、B社は当初計画を下方修正する発表をしました。売上は微増、収益は前期より改善するのですが、やはり赤字決算見込みということでした。並行して従業員2割弱のリストラの発表をしました。

図33の下部を見ていただくと分かるようにB社の人件費率は高くないので、この施策の効果は限定的だと思われます。それよりも、原価のさらなる削減が重要なのです。一方のA社の上半期は、過去最高収益で、目標達成見込みということです。

同業の2社の損益計算書（P／L）を売上高に対する構成比で比較し、さらに各社の決算報告書の定性データを加えると、何が起きているのか想像できるのを理解いただけたのではないでしょうか。

「金持ち父さん」が勝つ理由

トマ・ピケティの『21世紀の資本』をご存知でしょうか。話題になったので、知っている方、読んだことがある方も少なくないかもしれません。ここで紹介された有名な不等式があります。

r＞g

rは資本収益率、gは経済成長率です。

ざっくり言うと**資本主義では、金持ちはどんどん金持ちになり、貧乏な人は貧乏なままである**ということを証明した不等式なのです。

少し説明しましょう。rの資本収益率とは、投資家や地主が、株や投資信託、不動産などの投資で得られる利益率のことです。ざっくり年率4～5％で伸びています。

一方のｇは、会社員や行員が労働で得られる給料の伸び率です。同じくざっくり年率1～2%で伸びているということです。

これ自体は直感的に思い付きそうです。ただピケティのすごいのは、**１８００年代からの２００年、20か国以上のデータを集めて、ＧＤＰ以前のデータ含めてこの主張を裏付けたこと**です。

株やマンションなどの不動産をたくさん持てるのは、一般的には金持ちです。過去２００年「ｒ＞ｇ」ですから、投資ができる金持ちほど、さらに金持ちになっていくわけです。

一方で投資するほどのまとまったお金がない財産の少ない労働者は、貧しいままという残酷な現実を表している式なのです。

つまり、財産を持つ親が、子どもにその財産を代々相続させていけば、子どもは相続したお金を投資に回しさえすれば働かなくてもお金が増えていきます。その元手がない労働者との格差は、どんどん開いていくのです。これでは汗水たらして一生懸命に働くのがバカらしくなります。生まれた時の条件が、その後のお金回りの幸せを決定づけているのです。

確率論的に言うと、株、投資信託、不動産などに長期投資をした方が得だということを分かりやすく示した不等式であるとも言えます。

余談ですが、私の大学院時代の専門は材料物性学でした。その専門用語でオストワルド成長、オストワルド半径という言葉があります。ある特定の温度でオストワルド半径以上の粒子は、周囲の粒子を取り込んでいき、どんどん大きくなります。逆にオストワルド半径以下の粒子は、次々に取り込まれていきます。

私は、ピケティの不等式を見た時に、このオストワルド半径を思い出しました。ある一定以上の資産を保有している人は、どんどん金持ちになっていくのです。

昔、**「お金はさびしん坊」**という話を聞いたことがあります。お金はさびしん坊なので、お札が数枚では存在せず、たくさんのお金を保有しているところに集まっていくという話です。まさにピケティの話ですね。

話をもとに戻すと、このような経済の不等式を知っているのも、何かアイデアを考えるためのきっかけになるかもしれません。

コラム

ダイエットと数字

「ダイエットと数字」というと思い浮かぶのは、岡田斗司夫さんが2007年に出版した『いつまでもデブと思うなよ』で有名になったレコーディングダイエットです。この方法で120kg弱からマイナス55kgものダイエットに成功したそうです。このレコーディングダイエットは、文字通り**ただ記録するだけで痩せる**という方法です。

著書が出版されて10年以上たつのに、この方法をサポートするためのアプリも複数存在しています。食べたものをただ記録するだけでダイエットできるというシンプルな方法が受けているのだと思います。これも、いわゆる**「見える化」**の一つですね。

最初のステップは、まずは記録。食べたもの、食べた時間、体重を記録します。**「見える化」すると問題が把握しやすくなります。**仕事と同じですね。

たとえば「脂っぽいものが多い」「間食が多い」「寝る前に食べている」などでしょうか。これらの問題を意識しながら、次は食べたもののカロリー、体脂肪率も記録していきます。食べたもののカロリーを記録していくと、徐々によく食べる食材のカロリーを把握できていきます。ここで一日に摂取しているカロリーの合計が「見える化」できます。

次のステップでは、この1日あたりの摂取カロリーに上限を設けるのです。女性は1200kcal、男性で1500kcalとありますので、慣れるまではなかなかハードかもしれません。当然ですが、数字でコントロールすることで、窮屈に感じて、元通りの食事をしたくなるかもしれません。その際に、**気を紛らわせる方法を見つけることができるかどうかがポイントになる**そうです。軽い運動や没頭できる趣味を見つけるなどですね。

次のステップでは、**自分の身体との対話を始めます**。食前には、「本当におなかはすいているのか」。食後には「満足しているのか。まだ足りないのか」などです。カロリーの制限を設けているにも関わらず、慣れてくると満腹感を持つことが増えてくるそうです。ここまでくればしめたものです。暴飲暴食をしなければ、リバウンドも怖くありません。

記録する際のポイントは、溜めて夜に一気に書くのではなく、**間食含め食べた都度に記録することが重要**です。その都度記録する。つまり習慣にできればダイエットも楽しくなってきます。

習慣にするのは、「報酬」が必要です。たとえば、お気に入りの筆記具やノートを使って気分が良い。あるいは、UI／UXがよいアプリを使ってストレス解消法などを見つけることができるかどうかも重要です。

ダイエットと数字という話では、**「食べる順番」ダイエット**も有名ですね。こちらも実践は簡単です。食べる順番だけ意識するとダイエットできるという簡単な方法です。順番は、①汁物、②食物繊維、③たんぱく質、④炭水化物です。

最初におなかに溜まりやすい汁物を食べることで、おなかに満腹感を持たせる効果があります。次に食物繊維を食べることで、血糖値の上昇を抑えます。血糖値が高まると脂肪を吸収しやすくなります。食物繊維を食べることで、これを防ぐ効果が見込めます。

3番目に肉や魚のメイン料理をいただきます。そして最後が炭水化物。炭水化物を最後に食べるというのが、この「食べる順番」ダイエットの最大のポイントです。炭水化物を空腹状態で食べると、血糖値が上昇し、脂肪を吸収しやすくなってしまうのです。

また、最後に炭水化物を食べることで、食べすぎを抑制する効果も見込めます。

こちらのダイエットは、①汁物、②食物繊維、③たんぱく質、④炭水化物という順番さえ覚えればよいので、実践はさらに簡単です。

私自身は、食べる順番ダイエットと体重記録という方法で、10年くらいプラスマイナス1~2kgの体重をキープしています。私はワインが好きなので、一生健康で毎日飲み続けるために体重のコントロールをしています。

第4章

人を動かすリーダーの数字力

自分の意思が伝わって初めて、いい仕事になる

第4章では、「人を動かすリーダーの数字力」について説明していきます。

ビジネスに限らず何かを進めるのは、突き詰めると「人」です。上司、部下、取引先、パートナー、家族、ご近所さんなど、彼らに私たちが考えていることをきちんと伝えて、一緒に動いてもらわなければ何も進みません。

今まで解説してきた「数値化」「見える化」「因数分解」「2軸思考」などを効果的に活用して、「人」に行動変容をしてもらうスキルをまとめました。ポイントは3つ。「タイムマネジメント」「対話力」そして「見える化」です。

第4章で解説する3つの考え方

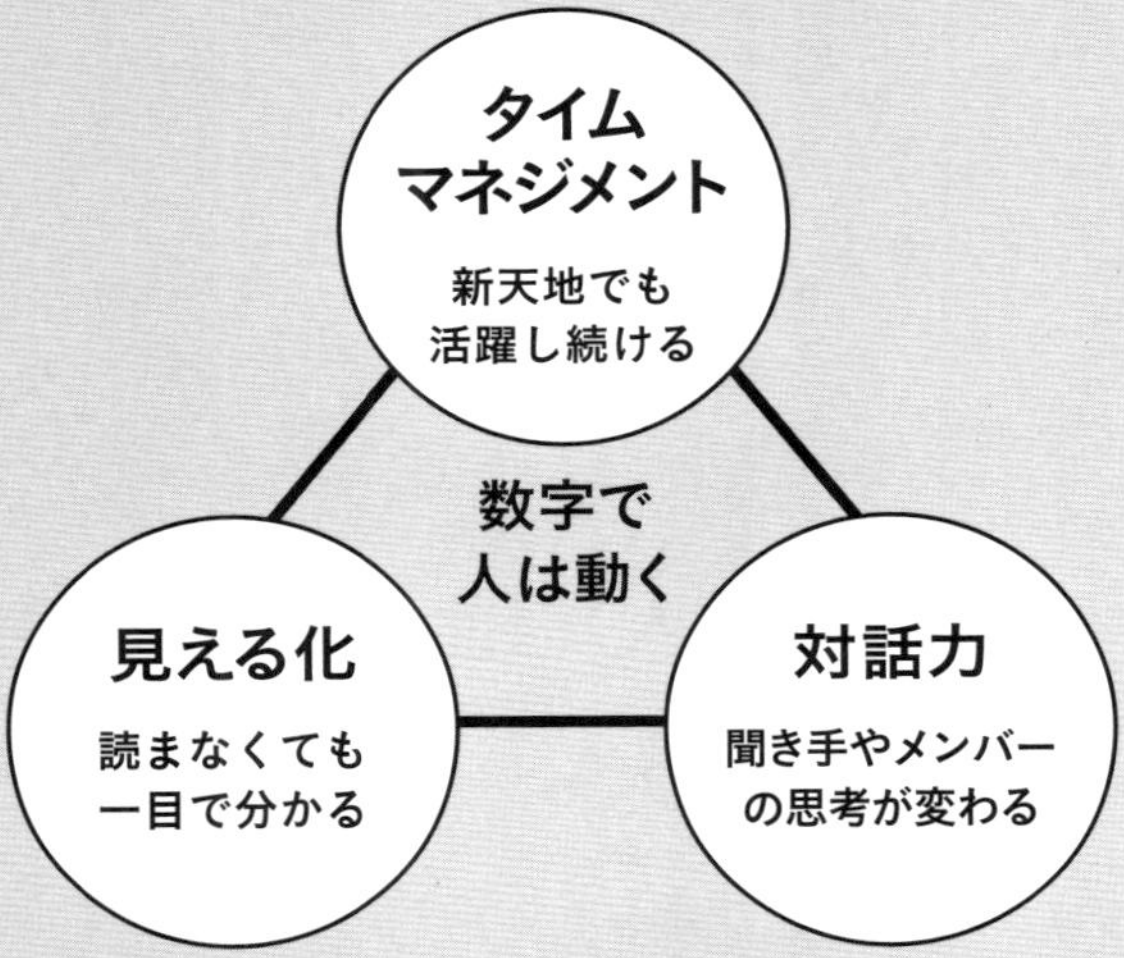

人を動かす

1 タイムマネジメント

Speed is Powerで人は動く

未経験の分野に人事異動すること、あるいは転職先でリーダーに就くことがあります。その場合に意識しておくとよい数字がいくつかあります。

Day0、Day1、Day30、そしてDay100です。

それぞれ文字の通り、0日目、1日目、30日目、そして100日目という意味です。**新しい職場に就く際に、その日、あるいはそれぞれの日までにどんな行動をすると良いか**という指針です。

私自身の経験を披露させてください。リクルート在籍時代に住宅業界未経験、そして店舗運営未経験でスーモカウンターという新規事業の責任者になりました。スーモカウンターは注文住宅や新築マンションの相談所で、現在では100店舗以上に展開しているリクルート住まいカンパニーの基幹事業の1つです。ところが、私が着任した当時はわずか5店舗を立ち上げたばかりの状況でした。

ちなみに今から述べる内容は、日経ビジネスセミナー「新規事業を発展させるマネジメント力」で、企業内新規事業の立ち上げ方について話した内容の要約です。

題して**「もし、みなさんがSUUMOカウンターの責任者に就任したら」**。

新部署への異動の内示を受けた直後は次のような状況でした。

1. 事業発案者である前任者が本部企画部門に異動し、住宅業界のあなたが後任に。
2. 人脈はまったくありません。メンバーに知人はゼロ。顧客も全く知りません。
3. 高い事業計画（売上、出店数）がすでに決まっていました。

なかなか大変な状態です。業界は知らない、メンバーも顧客も知らない。しかも新規事業ということで高い成長が期待されている。このような状況で何をするのか？　というのがお題です。

Ｄａｙ０とは、就任までに何をするのか。

Day1とは、就任日に何を新しいメンバーに伝えるのか。
Day30とは、30日までに何をするのか。（メンバー、株主からの信頼、そして短期成果）
Day100とは、3カ月強までに何をするのか。（明らかな成果）

ということです。あなたならどうしますか？

私が実際にやったことは、次のことです。みなさんが急に知らない部署のトップになった際の参考になれば嬉しいです。

Day0　：組織を取りまく現状把握
Day1　：私が何者であるのかを伝える
Day30　：メンバー全員との1on1ミーティングと組織の主要メンバーと事業計画の達成確率の確認
Day100　：短期成果を上げることで、経営陣とメンバーからの信頼を得て、長期成果が出続ける仕組み作り

それぞれのポイントを書くと、次のようになります。

事業の現状把握→自分が何者で何を大事にしているのかをメンバーに伝える→メンバーの特徴を知る→短期で取り組むべきポイントを確認→成果を上げ、信任を得る→長期で成長するための準備をする。

詳しく説明をしましょう。Day0では、前任者に会う前にできる限りステークホルダー（関係者）から情報を集めました。それもできる限り、**その事業から遠い人から順番に話を聞きました。**その事業から遠い＝利害関係が少ないので本音を話してもらえる、と考えたからです。その後、順に事業に近い人に話を聞き、最終的に中心人物からも話を聞くようにしました。

並行して過去の経営会議資料を読み漁り、その事業の歴史や物事を決める癖などを把握しました。癖とは、石橋をたたいて渡るのか、リスクを負うのか、などです。組織にも人間のような判断の癖があるのです。

当然ながら関連書籍も読みました。これらにより事業を取り巻く現状把握ができました。これらを準備したうえで、前任者から引き継ぎを受けました。

続いてのDay1では、**私が何者であるのかをメンバーに口頭とメールで伝えました。**私の「職務経歴書」をメンバーに送るのと同時に、私のマネジメント観についてまとめた資料を送りました。そしてキーワードとして「変化を楽しもう」と伝えました。新規事業は変化がつきもの。そして組織のリーダーが変わったので変化が起きます。その変化を当たり前だと思ってほしかったからです。

次のDay30までには、**すべてのメンバーと1on1ミーティングをして、人となり、仕事への思いなどを把握しました。**その際に事業への期待と不満を把握しました。

総論で言うと、この組織のメンバーは本当に気持ちの良い人が多かったのです。それが救いでした。

キーメンバーとは、高い事業計画が達成できるかどうかの確率を確認するミーティングを行いました。私自身、あまりに高い目標設定で、達成できるイメージが持てなかったからです。残念なことに、ミーティングを通じて、簡単には目標が達成できないことが分かりました。

そこで、スタート直後に目標の下方修正を行いました。経営陣にダメな情報をすぐに共有したことで、後になって、メンバーからも経営陣からも高い評価を得ることができました。

当時、「まだ期が始まって間もないのに、目標に届かないと白旗を掲げるのか？」という否定的な声もありました。しかし、「私が経営者であれば悪い情報ほど早く教えてほしい」と伝え、押し切りました。これが結果として信頼を勝ち得ることができた理由の1つです。

そしてそれから3カ月間。**Day100に向けて、この事業のKPI（Key Performance Indicator）を見つけ、そこにフォーカスすることで、事業が成長できる可能性を明確に提示することができました。**

これにより経営陣、メンバーのさらなる信頼を得ることができました。本当にギリギリでした。あと数カ月が遅れていたら、経営陣はもとよりメンバーの信頼を失っていたかもしれません。

Day100までのイメージ作りは、とても大事です。もしみなさんが、経験のない部署のリーダーとして赴任する際の参考になれば幸いです。

こういった過去に経験のない部署に異動する際の情報のインプット方法として、**「10冊と3冊」**という私が大切にしているキーワードがあります。それをコラムにまとめました。

コラム

異動時の10冊と3冊

私はリクルート勤務時代に、多様な異動経験があります。「多様な」とわざわざ書いたのは、過去にまったく経験のない部署への異動が多かったからです。その異動時に行っている習慣があります。

異動が決まった後に最初にすることは、前述のようにキーパーソンに話を聞くこと、ではありません。その前に、**異動先の市場全体を俯瞰できる「地図」を作る**のです。

なぜ、キーパーソンに話を聞く前に地図を作るのか？　もちろんキーパーソンに話を聞くのは重要です。しかし、**最初にキーパーソンに話を聞くと、その話に引っ張られすぎる**のです。しかも、聞いた情報を整理する「フレーム」もないので、重要な情報もそうでない情報も並列に聞いてしまいます。

さらに、いかに時間をかけようとも、そのキーパーソンが知っているすべての情報を私が把握することはできません。ということは、キーパーソンから話を聞いた私は、最高でもキーパーソンのミニチュアモデルにしかなれないのです。それを避けるためにも、自分自身で地図を作る。キーパーソンのインプットはそれから行えばよいのです。

会社によって異なりますが、異動の内示は1カ月以上前にあるのではないでしょうか？　1カ月強だとすると私のペースで最大10冊程度の本を読むことができます。最大10冊と書いたのは、その時の心境などにより仕事に関連する本を連続10冊読めないこともあるからです。

しかし、10冊という数字は重要な数字です。過去の経験からいうと、**ある分野で10冊読むとおおよその地図を作ることができます**。

ではどのような本を選べばよいのか。

まずは新しい分野のキーワードで本をピックアップしてみます。本のレビューやまとめがあるので、それらを参考に絞っていきます。**基準は、レビューが多い本。まとめ記事の多い本がお勧めです**。

次に、目次や本の概要などで想像を膨らませていきます。ある程度の本を絞れたら、最初に読む3冊を選びます。これをうまくできれば、その新分野の地図の概要ができます。

かつて編集工学研究所の松岡正剛さんが、書店とコラボした際も、特定の分野ごとにお薦めの3冊を並べるという斬新な売り場作りをされていました。全く偶然なのですが、この3冊を選ぶという方法を松岡さんに褒めていただきました。

私は3冊を選ぶ際に、次の観点を大事にしています。**全体概要が分かるもの1冊。古典で現在まで生き残っている1冊。そして最先端のキーワードが載っている1冊**です。つまり、新しく担当する分野の全体概要を把握したうえで、過去と未来に時間軸をずらして立体的に把握していきます。残りの7冊は、最初の3冊の中で気になったキーワードとひもづけて選ぶと良いでしょう。あるいは、最初に本をたくさん選べなかった時は、この3冊の引用元の一次情報の本を読むことで、理解を深めることも有効です。

新しい分野にチャレンジする際の「10冊と3冊」。参考になれば嬉しいです。

キャリアを数字で考えると人は動く

最近、40歳代、50歳代で転職している人が増えているようです。従来は動かなかった年齢層です。それぞれご自身のキャリアを考えて、転職しているのです。

私自身もそうです。新卒でリクルートに入社して29年間、50代で転職しました。そんな私が転職を決めた一つの理由が、**「人生100年時代」「健康寿命」「企業の寿命」**という3つのデータでした。「人生100年時代」は、大ヒットしたリンダ・グラットンさんの『LIFE SHIFT（ライフ・シフト）100年時代の人生戦略』に載っていたキーワード。ご存知の方も多いですよね。

先進国の平均寿命が延びていて間もなく100歳を超えるという話です。加えて、健康に生活して過ごせる「健康寿命」も延びています。つまり、従来の寿命80歳代で定年が60歳、65歳という労働状況が、寿命100歳で勤続可能年齢が80歳程度に延びていきそうなのです。

そもそも定年制度は、平均寿命が60歳前後であった当時につくられたもの。人生最後の5年くらいは働かないで余生を過ごしてくださいという側面もあったのです。寿命が40年延びているのに、定年は5年から10年しか延びていないので、そこにギャップが生まれています。

しかし、平均寿命が延びて、健康寿命が延びているのであれば、今後定年が延びて、今の会社でずっと働き続けるという選択肢もあるかもしれません。すると、転職する必要はありません。

ところが、これに加えて、もう一つ重要な変化が起こりつつあります。それが**「企業の寿命」の短縮化**です。まだ日本企業では起こっていないのですが、アメリカの上場企業の寿命はどんどん短くなっているのです。今後は上場企業の寿命が20年前後になると予想されています。この波が日本にやってくることを想像してみてください。

仮に20歳から80歳まで働いたとすると60年間働くことになります。**企業の平均寿命が20年だとすると、単純計算で少なくても3回程度、転職する計算になります。**

日本の労働人口は減少の一途をたどっています。高齢者、女性、外国人の就業数増加に加えてロボットやＡＩによる労働の代替が必須です。女性の就業率はここ数年で大幅に上昇してきています。ロボットやＡＩの代替は、当初の想像ほど進むスピードは速くなさそうです。すると、**外国人と高齢者が重要な２大労働供給源になる**のです。そう考えると高齢者が転職するのは、過去と比較すると容易になっていきます。

労働市場環境は、高齢者の転職にとってポジティブです。ただ、転職経験がないのに、転職しなければいけなくなったとすると、新しい職場になじむのは時間がかかりそうだというのは、想像に難くありません。高齢なら尚更です。

つまり、少しでも若い段階で転職を経験しておきたいと考えるのは自然の流れでしょう。

私もそうでした。みなさんの周囲にもそのような方がいるのではないでしょうか？

３つの情報「人生１００年時代」「健康寿命」「企業の寿命」を組み合わせると、今後起きるだろう動きを予想できます。
みなさんもデータを組み合わせて想像してみてください。

人を動かす

2 対話力

自己紹介に数字を入れると聞き手は動く

185ページで、Day1に「私は何者か」を新しい職場で伝えるという話をしました。みなさんもこういった自己紹介を異動時の挨拶以外でも、プレゼンやスピーチの冒頭ですることがあるでしょう。みなさんはどのような工夫をしていますか。

何度か触れていますが、プレゼンテーションは話を伝えることが目的ではなく、プレゼンテーションを通じて、**ターゲットとなる人に自分が思った通りの態度変容（行動）をしてもらうことが目的**です。スピーチであっても同じですね。

自己紹介は、プレゼンやスピーチの冒頭にありますので、自己紹介の巧拙は、プレゼンテーションの全体に大きな影響を及ぼします。当然ですが、ターゲットの態度変容にも影響を与えます。

「この人の話を聞く価値があるのだ」と思ってもらえる自己紹介が求められるのです。

私のリクルート時代の最後の上司にあたるリクルートワークス研究所所長の大久保幸夫さんは、ターゲットに合わせて自己紹介を使い分けていました。

大久保さんは、人材領域の識者で、官公庁や大手企業など様々な場所でプレゼンをされていましたが、**参加者や話すテーマに合わせて自己紹介の内容を変化させていた**のです。

たとえば官公庁でのプレゼンであれば、過去、どのような官公庁でプレゼンをしてきたのかを自己紹介にさりげなく取り入れていました。あるいは、働き方改革がプレゼンのテーマであれば、過去、どのような場でこのテーマを話したことがあるのかを列挙されていました。

聴衆は、大久保さんの自己紹介を聞いて、**話を聞くに値する人であると判断する**のです。

大久保さんのように、たくさんの経験があれば良いのですが、私も含めて普通の人は、そのようなたくさんの経験や特記事項がありません。**その時に代替できるのが「数字」です。**

一例を紹介しましょう。**図34**は、私の自己紹介を数字の有無で2パターン載せました。中身は変わりませんが、数字ありバージョンは、それぞれの内容の経験年数などを数値化しています。

数字なしバージョンでは、長年リクルートで働いていた。たくさん本を読んでいる。ＴＴＰＳ

図34 中尾の自己紹介（数字なし・ありバージョン）

数字なし		数字あり
働く		
リクルートで勤めていた	⇒	29年間勤めていた
学ぶ		
本をたくさん読んでいます	⇒	週2冊、年間100冊以上×18年間
TTPS勉強会を主宰しています	⇒	毎月、計58回（5年目）
記事の寄稿をしています	⇒	毎月×2年間
遊ぶ		
ワインが好き	⇒	年に300回飲んでいます×20年超
ジムに通っています	⇒	週1〜2回、年70回以上×15年間
毎日歩いています	⇒	毎日1万5000歩×10年間

勉強会を主宰している。記事の寄稿をやっている。ワインを飲むのが好き。歩くのが好きなど、内容だけの記述です。

数字ありバージョンでは、29年間リクルートで働いていた。年に１００冊、18年間読んでいる。ＴＴＰＳ（「徹底的に、パクって、進化する」の略）勉強会を毎月、合計58回主宰している。記事の寄稿を2年以上毎月やっている。年に３００回以上ワインを飲んでいる。10年間、平均毎日１万５０００歩以上歩いている。

どちらが印象に残るでしょうか？　この数字ありバージョンの自己紹介は、ＫＰＩマネジメントについてのプレゼンテーションの冒頭で使うことが多いです。

中尾隆一郎というプレゼンターは、**数字に強いというイメージや物事を継続して実行し続けるというイメージ**を伝えることができるのではないでしょうか。

ＫＰＩマネジメントは数字の話です。また継続的な改善が必須です。「ＫＰＩの話を私から聞いてほしい」と考えて、このような自己紹介にしています。

みなさんもプレゼンテーションする際に数字を入れてみてはいかがでしょうか。**大きな数字がインパクトを残せます**。私の場合は、18年間本を読んでいる、毎年１００冊本を読んでいる、毎日１万５０００歩などが例に挙げられます。

また、何かで1位になった、入賞したなどの、ある分野を極めた経験があると伝えるのもお勧めです。**ある分野を極めた人は他でも極めるのではないかというイメージを持ってもらえます**。

そして、その数字がプレゼンテーションと関連性がある、あるいは関連性をイメージできるものが特にお勧めです。

まずは、学生時代の思い出から数字を書き出してみましょう。そして順に現在までのトピックスを書き出してみてください。きっと、あなたらしい数字が見つかるはずです。

伝える単位を変えるとチームは動く

私がリクルートの横浜支社で新任の営業マネジャーだった時の思い出です。隣のグループマネジャーにOさんというベテランマネジャーがいました。

ある期末の話です。私が担当するグループは幸い目標達成できていたのですが、Oさんのグループは、期末1週間を残して、2週間分の大きな目標数字を残していたのです。まさに絶体絶命の崖っぷち。通常の思考であれば、目標達成はほぼ無理でした。

ところがOさんだけは、あきらめていません。大きな残目標数字を因数分解して、メンバー一人ひとりが持てる大きさにしたのです。

その結果、あきらめていたメンバーが息を吹き返し、目標達成に向けて行動し出したのです。まさに**「思考が変わると行動が変わる。行動が変わると結果が変わる」**を体現したのです。

当時Oさんには、部下が10人いました。あと1週間で残目標は4000万円程度。単価10万円程度の商品を営業しているメンバーから考えると、残り4000万円は途方もない数字でした。週平均売上が2000万円程度でしたから、残り1週間で2倍の目標数字を売上げなければならないのです。しかも、メンバーにしてみれば、今までにやれることはすでにやったという感覚を持っていました。今更、何かをやっても無駄だという雰囲気が漂っていたのです。

その時にOさんが、ミーティングでチームの意識を変えたストーリーは次のような流れでした。

O：さてあと1週間で今期が終わるよね。この1週間どのように過ごそうか。

メンバーは、誰も顔を上げません。手元の資料を見ているふりをしています。明らかにあきらめている状況です。

O：ちなみに残目標の数字を正確に確認しよう。Aさんいくらかな。教えて。
A：残目標は4000万円です。
O：そうだよね。ちなみに営業日は何日あるかな。Bさん教えて。
B：5日です。
O：ということは1日当たりいくら売上が必要かな？　Bさん計算してよ。
B：1日当たりは、4000万円を5日で割ればよいので、800万円です。
O：ということは、1人当たり毎日いくら売れば良いのかな？　Cさん計算してよ。

C：メンバーが10人いますから。800万円を10人で割ればよいので、80万円です。

O：なるほど。ということは、1時間当たりいくらかな。Dさん教えてよ。

D：1日8時間営業すると仮定すれば10万円です。

少しメンバーの顔が上を向いてきました。

O：1時間当たり10万円受注するというのは不可能だろうか。Eさんどうかな？

E：1時間に商談2件できれば、そのうちの1社から10万円の受注は十分可能だと思います。平均は10万円ですが、期末予算で大きな広告を発注してくださる顧客もいるかもしれません。それができれば必要な受注はさらに減ります。

O：なるほど。みんなの価値が1時間あたり10万円あれば、この残目標は十分達成可能かもしれないってことだね。ちなみに1分あたりはいくらになるかな。Eさん。

E：（笑いながら）Oさん大丈夫です。私たち、十分できる気分になってきました。それよりも1時間ごとに、10人の営業みんなで営業状況と残数字を把握しながらカウントダウンする方が楽しめそうです。みなさんどうですか？

営業担当：そうですね。どうせ最後1週間頑張るのであれば、やってみよう。

そして、チームの意識が変わり、行動が変わり、そして結果が変わり、見事、目標達成したのです。まさにミラクル。ハッピーエンドでした。

このストーリーだけを聞くと、Oさんが良く言えばメンバーに魔法をかけた。悪く言えば洗脳したと思う人もいるかもしれません。あるいは、そんなに単純に人は動かないと思う人もいるかもしれません。そのような見方を否定はしません。

それよりも大事なのは、メンバーへの説明（つまりプレゼンテーション）を変えただけで、人が動き出したことです。それが素晴らしいことだと私は思います。**メンバーの行動が変わったことで、結果も変わりました。**その場にいた私は、Oさんのような説明が思いつきませんでした。

偶然、このミーティングに同席していたのですが、本当にミラクルを見たような気分でした。最後の最後まであきらめないリーダー。なかなかイケテイルと思いませんか？

すべての状況で再現性があるかどうかは分かりません。ただ、みなさんも、絶体絶命になった時にこのエピソードを思い出してください。

因数分解、つまり持てる大きさにすることは、メンバーと一緒にミラクルを起こすきっかけになるのです。

人を動かす

3 見える化

お金に換算して説明すると経営者は動く

第3章で述べたように、経営者の価値判断軸の1つは「お金」です。当然です。「入りを図(量)りて、出ずるを制す」と言います。これは、どれくらいの売上があるのかをきちんと計算して、出費をコントロールしなさいという先人の戒めです。

経営者の共通言語が「お金」だとするならば、**会社の無駄などがあった場合に、それをお金に換算して説明すると正当な判断をしてもらえる可能性が高まる**ということです。これは経営者に限ったことではありませんが、特に経営者では有効です。

会社にはたくさんの無駄があります。一例を挙げると、資料作成や会議。ただし、それに対して無駄な資料を作るな、無駄な会議をするな、と言っても人は動きません。そこで、お金に換算して無駄を**「見える化」**してみましょう。するとROIが明確になります。結果、人は無駄を削減しようと考え出すのです。**つまり行動変容しやすくなる**のです。

たとえば、年収400万円の従業員Aさんがいます。計算を簡単にするために年間労働時間を2000時間とします。するとAさんの1時間当たりの時給は2000円と計算できます。同じく年収1000万円の管理職Bさんの1時間当たりの時給を計算すると5000円になります。2000万円の役員のCさんであれば、同じく1万円となるわけです。

たとえばCさんと同じ年収の役員が5人いる会社で、役員会を開催します。3時間の役員会だとすると、5人×3時間×1万円＝15万円の人件費がかかったことになります。そこに管理職Bさんクラスの方が3人同席したとすると、3人×3時間×5千円＝4万5000円となります。メンバークラスのAさんが同席すると1人×3時間×2000円＝6000円となります。合計で15万円＋4万5千円＋6千円≒20万円となります。これは単純に人件費だけを計算した数値になります。実際は、**この2倍から3倍のコストが必要です。**社会保障、家賃補助、交通費などが必要だからです。つまり人件費換算で20万円ということは、実際のコストは40万円とか60万円だということです。

これでも、「たった60万円」と考えるかもしれませんが、60万円のコストを使うということは、**同額の利益を稼ぐ必要があります。**営業利益率が10％だと仮定すると60万円÷10％＝600万円

図35　業務をコスト（お金）に換算するステップ

	ステップ	事例
1	時給を計算する。	従業員：年収400万円≒時給2,000円 管理職：年収1,000万円≒時給5,000円 役　員：年収2,000万円≒時給10,000円
2	会議や資料作りなど、それぞれの活動時間に時給を掛けて、かかる金額を計算する。	3時間の役員会に5人の役員、管理職3人、従業員1人が参加 ≒20万円のコスト（給料分のみ）
3	その数値を3倍して実コストを計算する。	20万円×3倍＝60万円（実コスト）
4	営業利益率で割ることで必要な売上額を計算する。	営業利益率10％だとすると 60万円÷10％＝600万円の売上と同等

の売上に相当するという考え方もできます。**少なくとも600万円程度の売上を生み出さないとROIが合わない**ということです。

さらにこの役員クラスが、3時間、営業に出た、あるいは製品開発に費やしたとしたらどうでしょうか？　その価値はもっと大きいはずです。つまり、直接人件費換算コストの20万円と考えると小さいのですが、**売上の600万円、あるいはその時間に本来の業務をしていたらと考えると、この会議のROIはさらに高いものが求められる**のです。

このように会議に求められる生産性を「お金」で説明されると、会議の生産性を高めたいと考えるのではないでしょうか？　必要な人だけに参加者を絞り、当日の議論を効率的にして会議時間を削減しなくては、と考え始めるかもしれません。
今回はたった5人の役員の会議で計算した場合です。大企業で20名、30名いるような役員会では、この5倍以上のコストがかかるのです。**お金に換算しただけで、そのもったいなさの加減が分かるのではないでしょうか。**

お金に換算する際のステップを**図35**にまとめましたので、参考にしてください。まず自分たちの時給を計算する。次に会議や資料作りなど、それぞれの使った時間に時給を掛けて、発生する金額を計算してみる。直接人件費だけでは、その他の経費は賄えないので、その数値を3倍程度にすると実際に必要なコストが計算できる。さらに営業利益率で割ることで必要な売上額を計算してみる。ぜひ試してみてください。

データを「見える化」すると顧客は動く

同じデータでも、相手が理解しやすいように「見える化」できると、態度変容（話者が望んだように聞き手が動いてくれること）に大きく役立ちます。その事例を紹介したいと思います。

スーモカウンター時代に、独自データを加工して、スーモカウンターの顧客企業の「**営業力**」と「**広告力**」を見える化した資料がありました。**顧客企業が知りたいけれど自社だけでは作ることができない重要な情報を一目で分かるように作成し、提供していた資料です。**

スーモカウンターは、アドバイザーが個人ユーザーに注文住宅会社を紹介するサービスです。個人ユーザーに注文住宅会社を紹介するステップは、次のようになります。

まず、事前に個人ユーザーからプロフィール情報とどのような注文住宅を建てたいと考えているのかの情報を提供してもらいます。

その次は、アドバイザーが個人ユーザーと対面あるいはテレビ会議などを通じて、事前にいただいた情報とヒヤリングした情報を元に5社程度の注文住宅会社の情報を提供します。すると個人ユーザーは平均3社程度に興味を持ちます。

その後、アドバイザーは、個人ユーザーが興味を持った注文住宅会社の担当者を紹介し、その後、個別に商談が始まります。そして最終的に注文住宅会社から契約の連絡をもらいます。

通常、注文住宅会社は次の2つのデータを把握できます。一つはこのサービスを通じて実際に紹介してもらった個人ユーザー数。もう一つは、実際に契約した個人ユーザー数です。

一般的には、顧客企業は、この2つのデータにより、マッチングサービスを評価することが多いのです。たとえば、紹介個人ユーザー数が多いと営業先リストが増加するので、高い評価をします。また契約歩留まり（契約個人ユーザー数÷紹介個人ユーザー数）が高いと、営業効率が良いので、高い評価をします。

ところが、このマッチングサービス側は、これらの2つのデータに加えて、顧客企業が把握できない2つのデータを保有しています。一つは、アドバイザーが顧客企業に紹介しようとした個人ユーザー数です。これは顧客企業に紹介できた個人ユーザー数に加えて、紹介できなかった個人ユーザー数の合計数になります。もう一つは顧客企業に紹介した個人ユーザーのうち**実際に注文住宅を建設したユーザー数**です。これは顧客企業に紹介した個人ユーザーのうち、この顧客企業で注文住宅を建設したユーザー数と他社で建設したユーザー数の合計になります。

この「実際に注文住宅を建設したユーザー数」については、補足説明が必要かもしれません。たとえば、個人ユーザーaさんに、アドバイザーが注文住宅会社3社、A社、B社、C社を紹介したとします。個人ユーザーaさんは、C社で注文住宅の契約をしました。一方でA社、B社から見るとaさんは、自社と契約してくれなかったユーザーとなります。ところが、実際は、aさんは、C社と契約をしています。この情報は、マッチングサービス企業は把握しています。しかし、**A社、B社は把握していないケースが多いのです**。あるいは現場は把握していても本部に

図36 顧客企業A社の広告力と営業力を「見える化」する

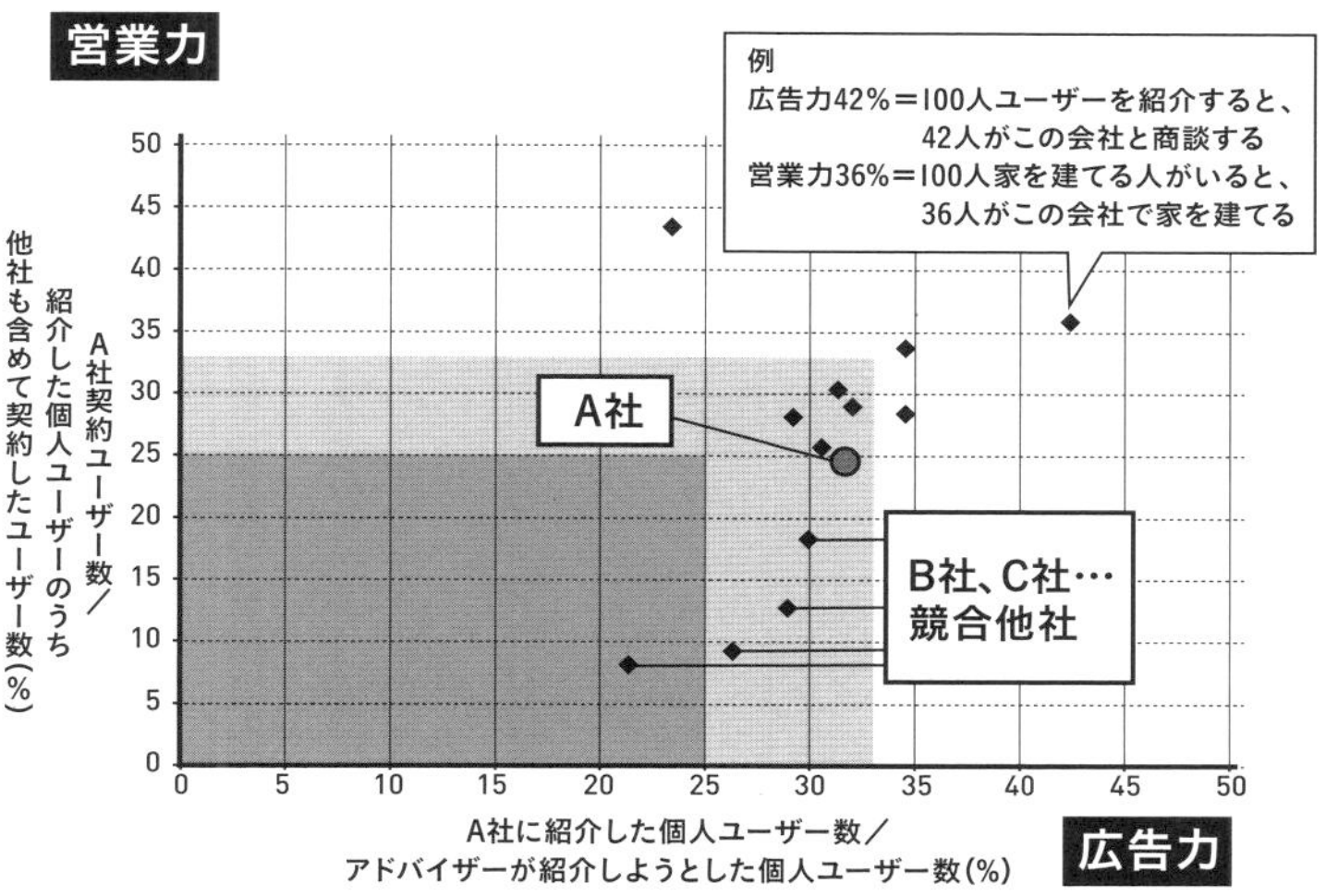

は報告しないケースも多いのです。これらのデータのことを指しています。

話を元に戻しましょう。前述のように、顧客企業は2つのデータを把握しています。しかし、マッチングサービス側は、この2つのデータに加えて、さらに2つのデータの合計4種類のデータを把握しています。

この4種類のデータを活用して、顧客企業A社向けの「営業力」と「広告力」を見える化した**図36**を作成しました。

まず縦軸の営業力は、「A社で契約した個人ユーザー数÷紹介した個人ユーザーのうち他社も含めて契約したユーザー数」です。つまり、この分数は、A社に注文住宅を契約できる個人ユーザーを紹介したら、A社は何割契約できるのかを表しています。まさにA社の営業力を表しています。

このマッチングサービスは平均3社紹介します。つまり3分の1以上の数値であれば営業力は高く、3分の1より低ければ営業力が低いということが言えます。

一方の横軸は、広告力です。これは「A社に紹介した個人ユーザー数÷アドバイザーがマッチングしようとした個人ユーザー数」の比率になります。このマッチングサービスでは、事前にアドバイザーは、個人ユーザーのプロフィールや要望を詳細に把握します。その情報にマッチングする企業だけを紹介します。

この商品情報＝広告が良ければ、高い確率でマッチングできるはずです。こちらも同じく3分の1より高いか低いかにより「広告力」の高低を表現できるのです。

この散布図により、顧客企業は同業他社との比較や自社の営業組織ごとの「営業力」や「広告力」の比較ができるのです。

そして、顧客企業はそのデータを参考に「広告力」が低ければ、広告を改良する。あるいは「営業力」が低ければ、営業フロー、営業人員を改善します。その結果、「営業力」「広告力」のポジションが変化します。つまり、**施策の成果が見える化できる**のです。顧客企業は、この散布図データを大絶賛したのは言うまでもありません。

マッチングサービスを提供している企業は、スーモカウンターに限らず、自社の顧客に対して同様の情報提供ができるはずですね。

「時間の使い方」を測定するとホワイトカラーは動く

私が主宰しているTTPS勉強会で、「ホワイトカラーの時間効率の測定」について議論したことがあります。その際に、効果的だった方法が「見える化」です。

図37をご覧ください。この方法を使えば、あなたの職場の生産性も、きっと把握できます。準備するものは、職場のメンバーの2週間分のスケジュールです。これを皆で持ち寄り、会議や取り組んだ仕事を実施した時間帯に記入しておきます。

まずは、現状把握です。会議や仕事、タスクを重要な順に3から1に分類していきます。具体的には、**「3＝本来業務」「2＝周辺業務」「1＝手待ち時間」**です。ここでの定義では、「本来業務」＝本来の担当業務で成果と直結している仕事、「周辺業務」＝周辺的な雑務、「手待ち時間」＝待機や客待ちなどの手待ち時間としています。

そして次に、「3」「2」「1」それぞれの時間の合計を計算します。そして「3」：「2」：「1」の比率を計算します。

「3」と「2」、あるいは「2」と「1」で判断が悩ましいと感じた会議や仕事内容については、同僚や上司と意見交換して、確認するのがお勧めです。当然ですが、同じ会議や仕事であっても、ある人にとっては「3」であり、ある人にとっては「2」、場合によっては「1」のこともあり得ます。

私自身が、初めてこの棚卸しをした際に、ある1週間では、「3＝本来業務」の時間が労働時間の中の3分の1しかないことが判明しました。ちなみに、その時の残りの構成比は「2＝周辺業務」が50％、「1＝手待ち時間」が残りの17％程度。忙しいとは感じていましたが、実態は、本当に自分が行うべき重要な仕事に集中できておらず、重要度が低い仕事に半分以上の時間を割いていたのです。本当に驚きました。

その後、毎週自分のスケジュールの「3」「2」「1」の構成比を確認する習慣をつけると、**自然と重要度を意識して仕事に取り組むようになり、徐々に「3」が増えていきます。**

つまり、あなたが一番求められる「重要な仕事や会議」にかける時間の割合が増加していくわけです。週の労働時間が一定だとすると「重要な仕事や会議」に時間を使えば使うほど生産性は向上することになります。

図37　労働時間を3分類して「見える化」する

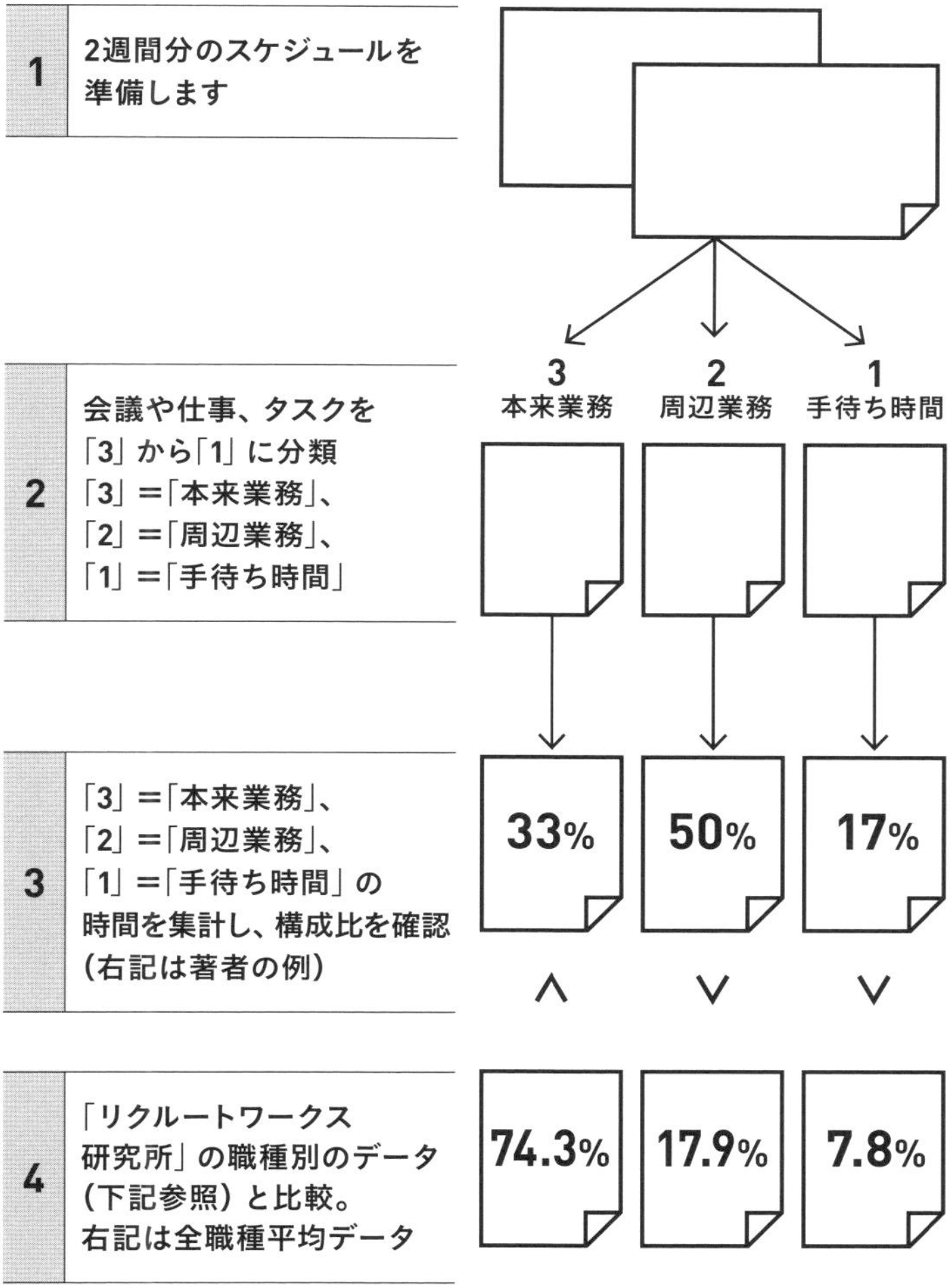

http://www.works-i.com/pdf/170623_hatarakikata.pdf
リクルートワークス研究所「働き方改革の進捗と評価」図表10参照

職場全体や自分の仕事で「3」「2」「1」の構成比を把握しただけでは、その数値の絶対値が高いのか低いのか判断できません。

比較対象として何か目安になるものがあると便利です。

ここではリクルートワークス研究所の**「全国就業実態パネル調査」**を参考にしてみます。この調査は、様々な業界・職種で働く人に、自分の労働時間を「本来業務」「周辺業務」「手待ち時間」に分類しています。

全職種平均では、本来業務74・3%、周辺業務17・9%、手待ち時間7・8%という結果です。前述した、私のある週のスケジュールでは「3＝本来業務」が33%しかありませんでしたので、調査データと比較すると、私はかなり生産性の低い2週間を過ごした可能性が高いことが分かります。

全職種の平均では、本来業務以外の周辺業務と手待ち時間の合計で約25%を占めています。そこに仕事の効率化、つまり生産性向上の余地があることが分かります。

では、具体的に、生産性を上げるにはどうしたらよいのでしょうか？　基本は、「本来業務」の割合を増加し、「周辺業務」や「手待ち時間」の割合を低下させることです。並行して、無駄な仕事や会議を減少すれば、労働時間を減らすことも期待でき、さらに生産性が向上することになります。

その際に、**職種の特性を意識すると良いでしょう**。たとえば「手待ち時間」の構成比が21・1％の医薬品営業は、顧客である医師などを待っている時間が長いと想像できます。週に5日間働くと考えると、丸1日分が手待ち時間という計算になります。この改善には、当然ながら個人の努力だけでは限界がありそうです。

医薬品業界でも一部取り組みが始まっています。顧客である医師への情報提供を、従来の人間（営業職）から、テクノロジー（AI）が代替して提供し始めているのです。今後はAIなどの進化により、顧客への情報提供が簡便かつ高度になっていくことでしょう。その結果、手待ち時間は減少し、より付加価値の高い本来業務にシフトすることで、生産性の向上が期待されます。

職種や業界によっては、組織を超えて取り組まないと効果がないことがたくさんあります。しかし、個人や職場でやれることもまだまだあります。**私が責任者をしていた組織では、会議のやり方を変えることで大きな成果を上げました。**実践したことは、いたってシンプルです。

(1)会議の議題ごとに、A：議論、B：報告、C：決議の分類をする
(2)参加者に対して、会議前に「アジェンダ」と「アジェンダごとの想定時間」と「説明資料」の

送付を徹底する

この2点で、会議時間が10%以上削減できました。さらに現場に権限委譲することで会議自体の減少にも成功しました。数値で見える化することで、まだまだ生産性向上できそうです。

家事の見える化をすると夫婦は動く

最近では当たり前になっている共働きでの子育て。とはいえ、日本は子育て後進国で、女性の家事負担が大きいのが当たり前になる傾向が強いようです。そのような場合、**夫婦の仕事を「見える化」することで、お互いに支え合いながら仕事を分担できるようになります。**

とても簡単な方法です。**図38**のような表を作ります。準備するのは100円ショップなどにあるホワイトボードとホワイトボード用のマジックと2種類の色のマグネットです。

まず今日しなければいけないタスクを書き出します。そして、自分ができるタスクの横に自分の色に決めたマグネットを付けていきます。「このタスクは私がやります」という意思表示をするのです。別の表現をするとマグネットが付いていないタスクは、**「やらないといけないけれど、**

図38　家事を「見える化」する

○月○日　家事分担		
	夫が担当	妻が担当
食事のメニュー決定	○	
食事の下準備	○	
調理	○	○
弁当作り		○
お茶の作り置き	○	
片付け	○	
トイレ掃除	○	
風呂掃除		○
幼稚園送り		○
幼稚園迎え	○	
幼稚園への提出物記入		○
母の誕生日お祝い		
自治会参加		

できない」ということが分かります。

次に、もう1人が、自分がするタスクに別の色のマグネットを付けます。これですべてのタスクの横にマグネットが付けば問題ありません。今日のタスクは終了できそうです。

しかし、タスクの横にどちらのマグネットも付かないケースもあります。その場合は、**2人で交渉してどちらかのタスクにして、マグネットを付ける。もしくは、そのタスクを今日やらないと決める**という選択肢があります。

どちらにしても、「2人で見える化」しているので、状況が共有でき納得感があります。

2種類のマグネットの数を数えると、**どちらが多くのタスクを担当しているのか一目瞭**

然です。数日の話であれば良いのですが、一方が常に偏りがちであれば、どうすると良いのか対話をするきっかけにもなります。単純に数を数えておくだけで、かなり公平な議論ができます。

実は、これはプログラム開発の手法を参考にしたものです。アジャイル開発（ソフトウェア開発において早期にユーザーを巻き込み、従来よりも短期間で開発する手法）をしているエンジニアは、毎日、あるいは1週間でタスクを完了させる習慣があります。彼らは**チームで助け合いながらすべてのタスクをこなしていきます**。この姿勢が夫婦間でも生まれると、ストレスフリーになるようです。

この方法を何人もの友人、同僚夫婦に紹介してきたのですが、かなりの高率で、うまくいくようです。参考になるかもしれません。

「人生最後の10年」の話を知ると人は歩き出す

医療版のＴＥＤともいえるＭＥＤの代表を務めている秋山和宏さんに教えていただいた話です。秋山さんは医師で人生の最後の10年の研究をされています。題して**「人生最後の10年」**と**「筋肉量」の話**です。この話を聞くと、人は歩き出すのです。

図39　人生最後の10年と健康（イメージ）

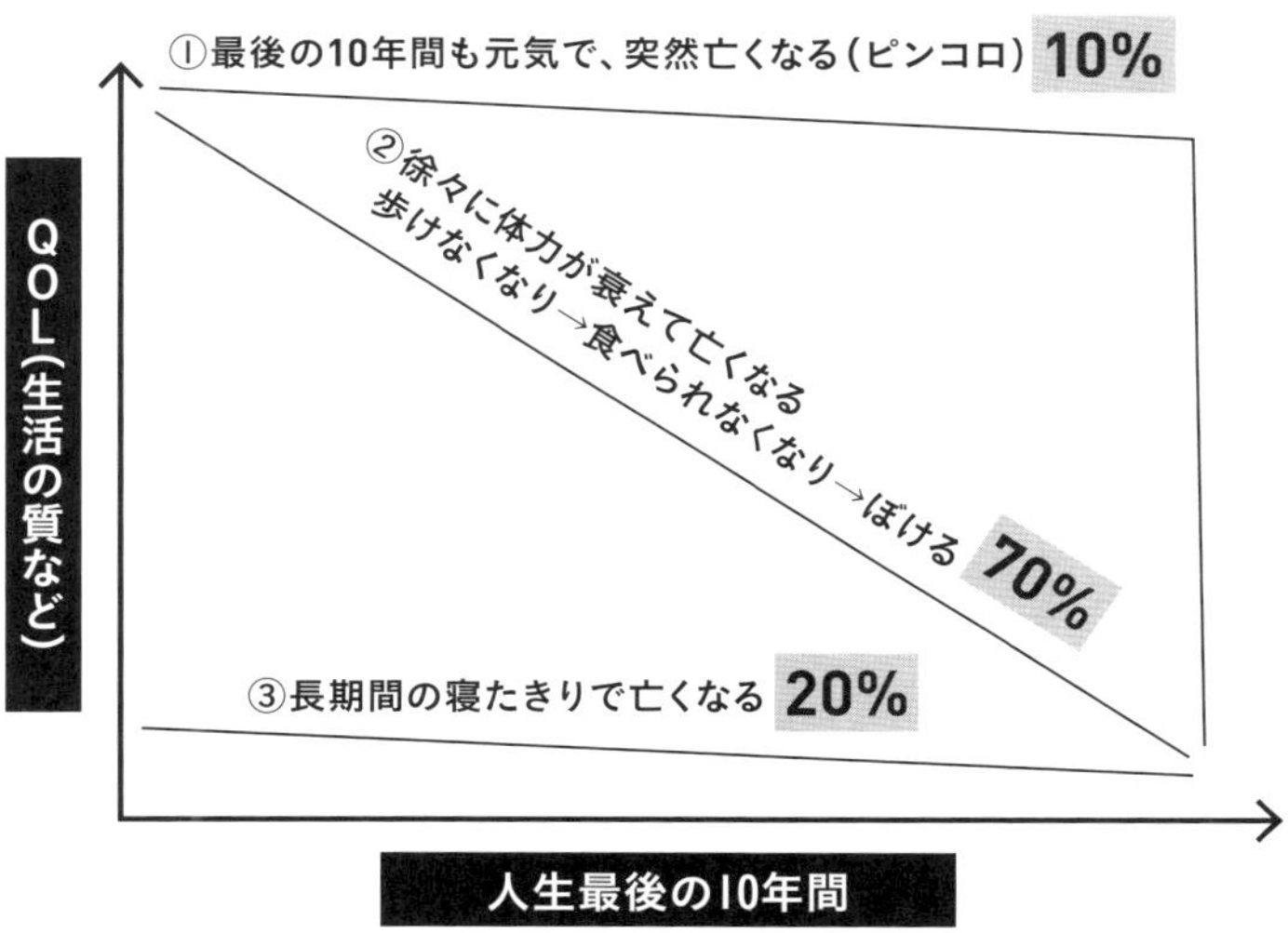

人生最後の10年は、**図39**のように3パターンに分類できます。

1つは、最後の10年間も元気で、突然亡くなるパターンです。ピンピンしていて、突然亡くなるので、「ピンコロ」と呼ばれます。これはある意味、最高の人生の終わり方。私の父も亡くなるその日まで元気に美術館に行っていました。そして、帰ってきた夜に突然亡くなったのです。本当に、最高の亡くなり方でした。

2つめは、徐々に体力が衰えていくパターン。

3つめは、最後の10年の大半を寝たきりとして過ごすパターンです。おおよその割合は、男性でピンコロが10%、徐々に体力が衰えていくのが70％、そして寝たきりになるのが20％だそうです。

この**3つのパターンに影響があるのが「筋肉量」**なのです。パターン2の徐々に衰えていくパターンを分解すると、3つのステップで衰えていくのが分かっています。3つのステップとは、**「歩けなくなって」「食べられなくなって」「頭がぼけていく」**という順番。そのステップと筋肉に関係があるのです。

身体の中で、大きな筋肉は、ダイエット業界では「ビッグ4」と呼ばれ、胸の上、背中、おなか、そして太ももです。歩けなくなると太ももの筋肉が衰えていきます。身体はつながっているので、太ももの筋肉が衰えてくると他の部位の筋肉も衰えていきます。

食べるための嚥下《えんげ》機能に影響がある**「喉の筋肉」と「二の腕の筋肉」量には強い相関があることが分かっています**。つまり、歩けなくなり、ベッドでの時間が増えてきて、ご飯を食べるのを手伝ってもらうようになると、腕を使わなくなります。胸の上の筋肉と二の腕の筋肉も使わないと衰えていきます。結果、嚥下機能が低下していくのです。良かれと思って高齢者が食べるのを手伝うと、結果として嚥下機能を低下させ、自分で食べられなくしてしまうのです。

自分で食べなくなると、食への興味も減っていきます。脳への刺激も減っていきます。加えて脳はたんぱく質でできています。他の部署の筋肉量の低下の影響を免れません。結果として脳の機能も低下するのです。

高齢者が何らかのきっかけで歩けなくなりそうになっても、リハビリなどでできる限り自力で動けるようにすることが重要なのです。また、歩けなくなっても自分でご飯を食べることを促すことが、次の機能低下の抑制となります。つまり、筋肉量を保ち続けることが、将来ピンコロで亡くなれる重要なポイントなのです。**そのためには、歩くことが有効なのです。**

先ほど紹介した私の父も週に3回、月水金に美術館や博物館めぐりをしていました。そのおかげで最後まで自分で歩き、自分で食べ、自分で判断ができました。亡くなったその日のお昼もお寿司と茶碗蒸しを食べていたようです（財布の中にあったレシートで分かりました）。

男性と比較して筋肉量の少ない女性は、ピンコロの割合が著しく低いようです。ぜひ、将来のピンコロを目指して、毎日歩いて筋肉量を維持しませんか。

第5章

数字力を自在に操る7つのフレーム

あらゆる事象を整理できる「型」をご紹介

第5章は付録の章です。

第2章で数字を活用する際に、経験や知識を総動員しましょうという話をしました。定量データだけではなく、定性データを加えることで、精度が高まるという話です。ただ、その知識や経験は人によって違いがあります。当然です。

そこで、本章では、私が数字で何かを考える際に使っている有効な知識を紹介します。

1から7まで順に7つ書きましたので、覚えやすいでしょう。

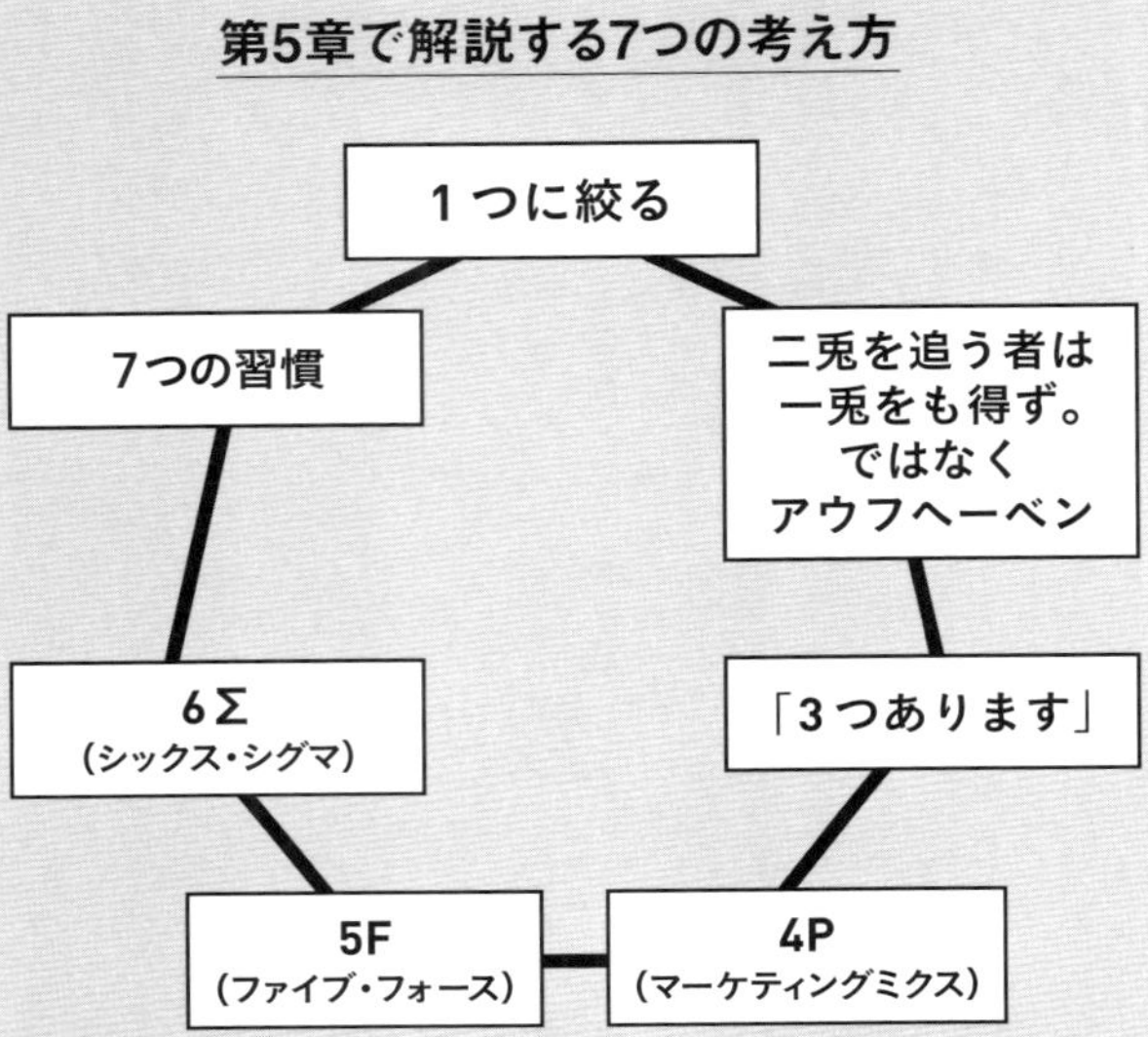

フレーム

1 1つに絞る

KPIの原則とは

KPI（Key Performance Indicator）という言葉をご存知でしょうか？　本書の「はじめに」でも述べましたが、私は11年間リクルートで本書のベースになっている「数字の読み方・考え方」という講座の他、**「KPIの基礎講座」**の講師も担当していました。

KPIを活用する際に最も重要なメッセージは、**管理する数字を最も重要な「1つに絞る」**ことです。KPIは、事業のゴールに向けて現在の事業活動の状態を表す数字です。イメージや役割でいうと、自動車が交差点に進入した際に交差点に入ってよいかどうかを判断する**「信号」**です。信号は、青は「進め」、黄は「注意」、赤は「停まれ」です。

KPIの数値は、現在の事業活動をそのまま「進む」のか、「注意」するのか、「停まる」のかを判断する信号の役目なのです。

なぜＫＰＩは１つに絞るのか？　これは、自動車の例で考えると分かりやすいでしょう。交差点に信号が複数あるとドライバーが迷うからです。１つの信号が「青」でもう１つの信号が「赤」を示していたらどうでしょうか？　ドライバーは迷ってしまいます。

また、信号の位置はどうでしょうか？　当然ですが、信号は、交差点に車が進入する前になければ意味がありません。また、ドライバーが交差点に進入する前に信号の色を判別できなければ意味がありません。つまり、**ＫＰＩは事業目標の結果が出る前に分かる「先行指標」でなければなりません**。これらから、事業における「信号」であるＫＰＩは「１つに絞る」ことが重要なのです。詳しく知りたい方は、拙著『最高の結果を出すＫＰＩマネジメント』をお読みください。

１つ事例を紹介しましょう。先日、来年度からＫＰＩの導入を検討している一部上場企業から相談を受けました。私の著書を読んで、ヒントがあると感じてくださったようです。

この企業は、従来は結果指標である売上を中心に追いかけていました。結果指標だけを見ていると、早期に方向修正ができないので、先行指標をマネジメントするＫＰＩの導入を検討していました。ところがこの企業は、多数の商品、多数の顧客業界、多数のエリア（地域）に展開をしています。商品×業界×エリアの３軸で整理すると立方体のようになり、かなり複雑です。私が著書で書いた、「1つに絞る」のは無理ではないかと感じ、私とミーティングをしたいと連絡があったのです。

事前に同社のホームページを読むと、トップの戦略が書かれていました。注力業界、ソリューションテーマを決めて3カ年事業計画を推進するとあります。ということは、注力業界への徹底度合い、もしくはソリューションテーマへの徹底度合いをKPIとして見ていくことが良いのではないかと仮説が立てられます。

ところが実際にお会いして話をすると、顧客企業のニーズに合わせて、様々な商品を提供することは変えないそうです。つまり注力業界は決める。ソリューションテーマも決める。しかし、これさえ守れば、どのような商品・サービスを提供しても良いということです。

しかも、注力顧客、テーマへの注力はきちんとできる営業組織だと言います。もともとは、商品×業界×エリアの3軸で整理すると立方体のようになり、かなり複雑だという前提でした。ところが、すでに注力業界を決めていますので、複雑性はかなり下がっています。

また、業界が決まっているとエリアの軸もシンプルです。残りは商品を絞るのかどうか。詳細を伺うと、商品は絞らず、顧客のニーズに合わせて適切な商品を提供すると言います。であれば、**図40**のようなCSF（Critical Success Factor：重要成功要因）を見つけるために、どの営業ステップが重要なのかを話しました。

その際には、私の営業時代の経験が役立ちました。私はリクルート時代、企業の採用支援を行う部門の営業マンでした。この会社と同じく、企業のニーズに合わせて、どのような商品を提供してもよかった時代があり、その時のＫＰＩ設定が役に立ちました。

営業プロセスのプレゼンテーションに注力し、そのプレゼンテーション額をＫＰＩにしました。ただ、単純なプレゼンテーション額では、現場が架空のプレゼンテーション額を申告する可能性があります。そのような疑心暗鬼は意味がありません。そこで、プレゼンテーションして顧客が検討する額にサインもしくは印鑑をいただくフローを設計しました。すると架空のプレゼンテーション額を申告する可能性も低減します。また、顧客も一度サインすると、前向きに検討する度合いも高まります。このような話をしたところ、これが有力なＫＰＩ候補となりました。

同社と同じ状況でも、**商品やサービスを絞る方針である場合は、商品やサービスの提案社数をＫＰＩ候補にすることもできます。**このようにＫＰＩは、その戦略や方針により変化するのです。

ここで最もお伝えしたいのは、ＫＰＩを１つに絞る重要性です。つまり、**Focus & Deep**。これは限られた経営資源（人、モノ、カネ）を分散させるのではなく、１か所に集中投下する重要性を表した言葉です。特に資源が限られている中小企業にとって、Focus & Deepは、とても重要なコンセプトです。

図40　営業プロセスからCSF「重要成功要因」を見つける

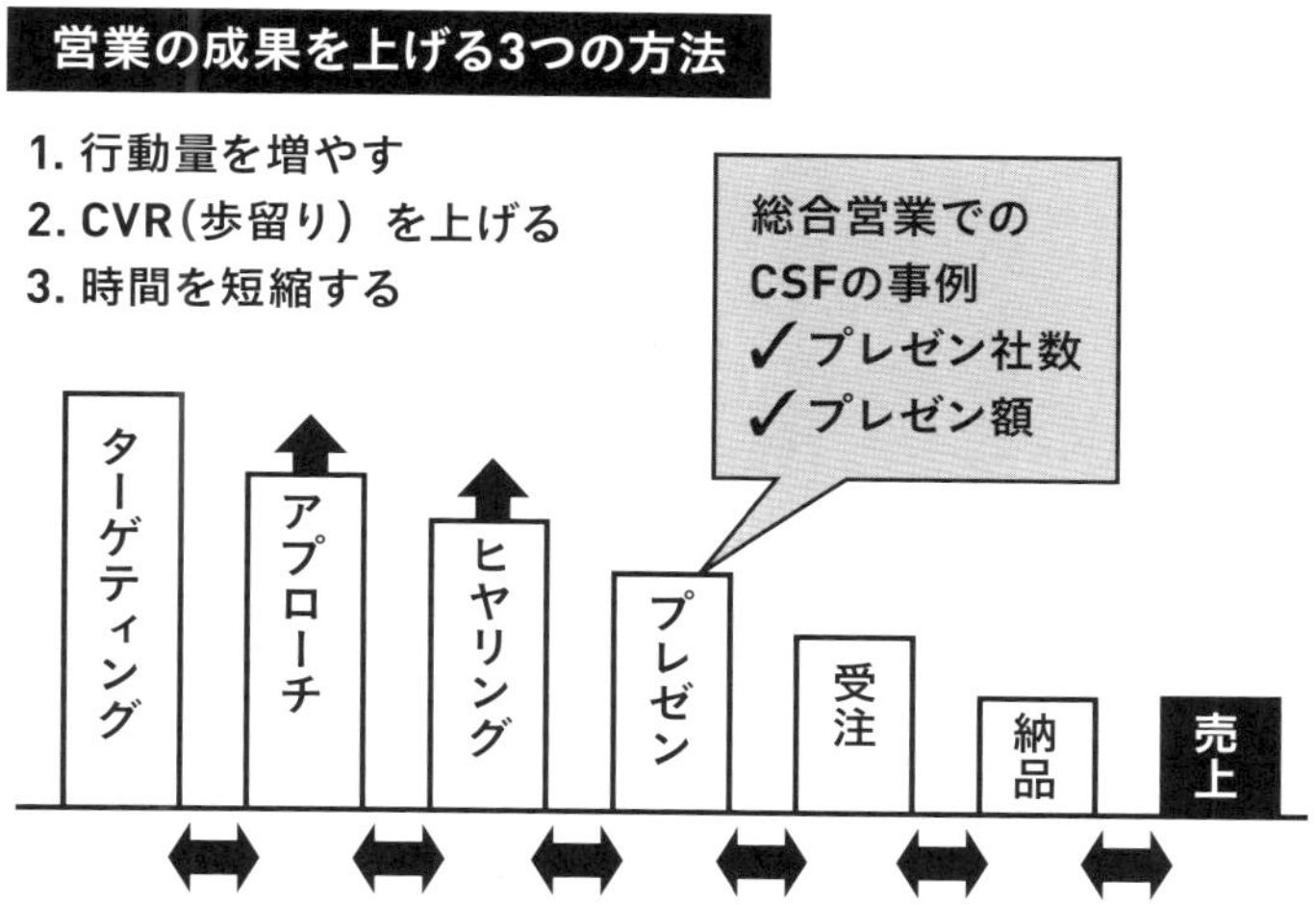

こう書いても、すべて重要なことだらけで、絞ることもできないという話も聞こえてきそうです。その場合は、1つずつやり終えるのがお勧めです。実は複数の業務を掛け持ちしながら実行するのは、結果として生産性を下げるのです（※）。

つまり、**重要なことが複数あったとしても、まずは1つに絞り、それを実行する**。それを繰り返すことが、結果として高い成果につながります。

※エリヤフ・ゴールドラット教授の『ザ・ゴール』などに書かれている「制約条件の理論」に詳しくあります。読むと、掛け持ち業務の生産性の低さが理解できます。

フレーム

2 二兎を追う者は一兎をも得ず。ではなくアウフヘーベン

対立するテーマを共に実現させるには

「二兎を追う者は一兎をも得ず」。小学校や中学校で習ったことがあるのではないでしょうか？欲張っていろいろなことに手をつけると結局ひとつも手に入らないという慣用句です。1つに絞ることを推奨する言葉でもあります。

一方で、多くのことに同時に手をつけて、すべてを手に入れる要領のよい人に対する**「一石二鳥」**という言葉もあります。1つの石を投げて2羽の鳥を捕まえるのですから、これは生産性も高いですね。

「二兎を追う者は一兎をも得ず」と「一石二鳥」のどちらを選べば良いのでしょうか？　一般的には「1つに絞る方が生産性は高い（Focus & Deep）」というのは前述の通りです。

つまり**一石二鳥は再現性が低く、どうしても偶然性に頼るところがある気がします。**単純に「二兎を追う者は一兎をも得ず」と「一石二鳥」を比較すると「二兎を追う者は一兎をも得ず」に軍配を上げざるを得ないのです。前項の「1つに絞る」という考えに照らし合わせると、これが妥当解でしょう。

ところが実社会では、2つの対立するテーマを両方とも実現しないといけない、あるいは実現したいことがあるのです。

たとえば、限られた経営資源（ヒト、モノ、カネ）をどこに投入すれば良いのかという経営的な判断。具体的には、**「業績確保」と「働き方改革への対応のための労働時間削減」**、あるいは**「短期業績の確保」と「長期成長のための投資」**などです。前者の「業績確保」と「労働時間削減」では、今まで残業して業績を確保していたのに、労働時間を削減したら、その仕事はどうすれば良いのか？　そのようなことは実現できないと考えがちです。だから「働き方改革のための労働時間削減」をすれば、「業績の確保」はできないと考えてしまうのです。

後者の「短期業績の確保」と「長期成長のための投資」では、業績見通しが厳しいので、短期業績確保のために、長期成長のための投資である「研究開発」投資や「従業員教育」投資を削減しようと考えてしまうのです。

このような、一見、両方を同時に実現できないような矛盾している状況に陥った時に、両方を実現するキーワードが**「アウフヘーベン」**です。数年前に東京都知事の小池百合子さんが使ったのを聞いたことがある方もいるかもしれません。

哲学者のヘーゲルが「弁証法」という、問題解決の方法論の中で使った用語です。弁証法では、**図41**のように正反合《せいはんごう》という3つのステップを経て問題解決を行います。正（テーゼ）とそれと対立・矛盾する反（アンチテーゼ）という概念があります。これを1つ高い次元で統合（アウフヘーベン）するという3つのステップです。日本語では止揚《しよう》と呼びます。

先ほど、例に挙げた「業績確保」と「労働時間削減」では、このままでは対立してどうしようもありません。しかし、**「生産性向上」を実現することができれば、この2つを同時に実現できる**のです。この「生産性向上」というアウフヘーベンで両者を同時に実現できるわけです。

少し抽象度が高い例では、この図形は「四角形」であるというテーゼに対して、これは「三角形」であるというアンチテーゼがあります。これらは平面という二次元で両方の特徴を成立させることはできません。しかし、1つ次元を加えて三次元であれば、ピラミッド、つまり四角錐《しかくすい》であれば2つの概念を矛盾なく両立させることができるのです。四角錐は、上から見ると四角形、横から見ると三角形ということです。

図41　アウフヘーベン（正反合）

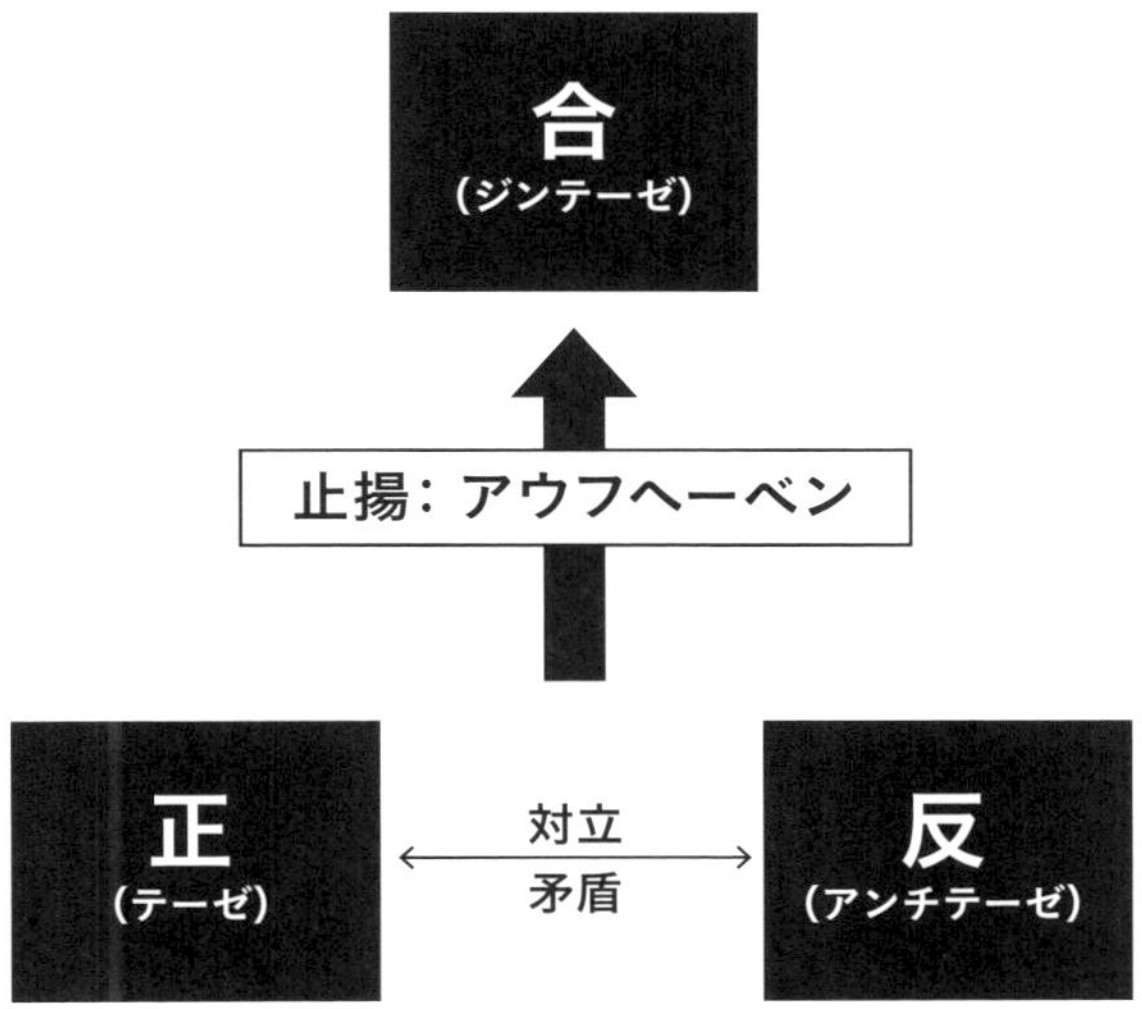

一見対立する概念は、それぞれの視点や視野が固定されていることが原因であることが少なくありません。それらの視点・視野を変化させることで、アウフヘーベンできるのです。つまり、単純に一石二鳥を狙うのではなく、**次元を変えて「アウフヘーベン」する柔軟性を持つことがポイント**なのです。

1つ事例を紹介しましょう。たとえば「短期業績の確保」と「労働時間削減」の同時実現はとても難しそうです。前ページで生産性を高めると良いと書きました。具体的にはどうすれば良いのでしょうか？

いくつかアウフヘーベンする方法があります。その中の有効な手法が、本章で取り上げた**KPIマネジメントを導入すること**です。

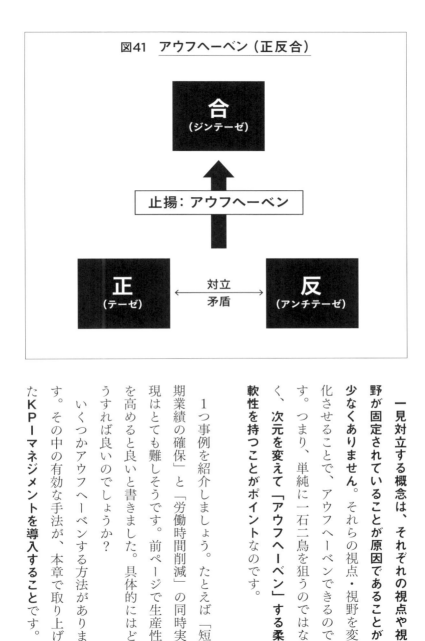

ＫＰＩマネジメントは、やることを1つに絞り、従業員皆がそこに注力するのです。当然ですが、**ＫＰＩマネジメントに関連しない活動はしなくてよいわけです。**結果として労働時間を削減することができ、「労働時間削減」を実現することができます。

また、ＫＰＩマネジメントにより、成果に効果のある活動に皆が注力するので「短期業績の確保」の可能性も高まります。つまり、「短期業績の確保」と「労働時間削減」の同時実現ができる可能性があるのです。

フレーム

3 「3つあります」

コンサルタントの基本話法

「ポイントは3つあります。まず1つめは…」というような説明の仕方を聞いたことはないでしょうか？　ビジネスコンサルタントの方々がよく使う話し方です。

この「3」は大事なのです。人はたくさんのことを同時に処理できません。つまり次々と違う話をされても理解できないのです。これは、話す場合にだけ当てはまるのではありません。

身近な例では、食品売り場などでの試食などでもそうなのです。ジャムの試食をイメージしてください。3、4種類の味が違うジャムを試食できる場合と10種類以上のジャムを試食できる場合の2通りの販促策があるとします。どちらが実際の購入率が高いでしょうか？　**実は、3、4個の試食の方が購入率は高い**のです。試食する顧客数は、10種類以上の方が多い場合もあります。

しかし、試食した顧客は迷ってしまい、結局買わないのです。
もちろん、ジャムではなくて、もっと重要な話であれば話は違います。たとえば家を購入するなど人生の重要な決断では、同時に多くの選択肢から比較検討する人も少なくありません。しかし、そのような決断をすることは人生でそうそうありません。

通常の場合、**人が並行検討できるのは最大4から6程度の選択肢である**ことが経験から分かっています。そう考えると、それ以下の数値である3というのは適切な数字です。そして「ポイントは3つあります」と伝えることで、**聞き手の頭の中に、3つの箱を作る**わけです。そして「1つめは…、2つめは…、3つめは…」と準備した箱に話を入れていく。聞き手にとっても易しいわけです。資料で箇条書きするケースでも、箇条書きがたくさん並んでいると理解しづらいことが多いでしょう。

あるコンサルタントの方にビジネス資料作成の講義をしてもらったことがあります。その方によると、**箇条書きが4つを超えると、グルーピングしてまとめる、あるいは、1マス右にずらして次元を変えられないかを検討する**という話でした。話すだけではなく、書く場合も「3」は大事な数字のようです。

また、顧客のキーパーソンから質問を受けた際に、その瞬間には、3つのポイントが思い浮かんでいなかったとしても、まず「ポイントは3つあります」と言ってから、1つめを話しながら、残りの2つのポイントを考えるというのも実際にあるとのこと。相手とのコミュニケーションの中で、結果、それが2つで終わっても4つになっても良いという話を伺いました。

まずは3つポイントがあると置いてみる。そして3つないか考えてみる。つまり、**自分に対して3つアイデアを思いつくノルマを課す**。そして、人に伝える場合は、相手に3つの箱を作ってもらうというテクニックを持っておく。

これらも思考のスタートとして重要です。実際は3から5程度だとざっくり理解しても問題はありません。とはいえ、「困ったら3つポイントを言ってみる！」を実践してみてください。

フレーム 4

4P（マーケティングミクス）

ヒット率を上げる拡販戦略

「4」が付くフレームワークの代表例は、**図42**の4Pです。4Pは別名マーケティングミクスとも言います。

Product（製品）、Price（価格）、Promotion（プロモーション、宣伝、販促）、Place（営業チャネルや流通チャネル）というPで始まるマーケティングで重要な4つの用語の総称です。**良い製品を、適切な価格で、上手な販促を行い、適切なチャネルを活用して販売することが重要だ**ということを教えてくれます。

4つのPのうちProduct、Price、Promotionは、イメージしやすいでしょう。Placeは、店の棚の「場所」を指しているとイメージするとよいかもしれません。商品に合った適切な場所で販売するということです。それを広義にとらえて、Placeが使われています。

図42　4P:マーケティングミクス

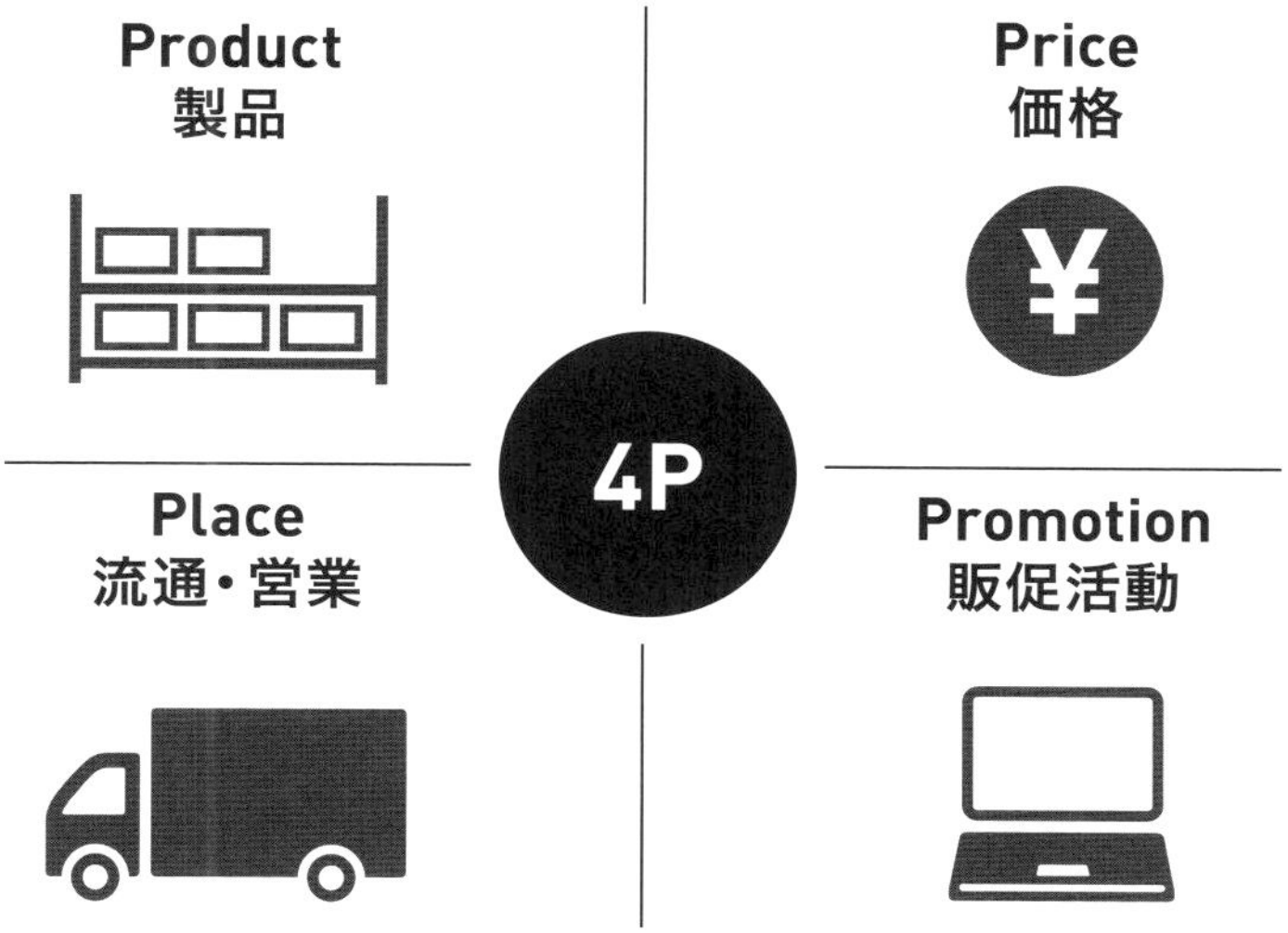

売れている商品は、この4Pに「整合性」があります。高額な商品を販売する場合は、高額（Price）な商品（Product）を取り扱うメディア（Promotion）を使い、適切な販売チャネル（Place）を活用します。これに整合性がないと売れないのです。

マーケティング関係者のあいだで有名な入浴剤の話があります。ある大手メーカーが新しい入浴剤を作りました。これで入浴剤市場に新規参入しようとしたのです。製品自体はトップシェアの製品と遜色ありません。価格もトップシェアの製品より安くできました。これは、原価の納入先を絞り、製造方法にもパッケージにも工夫をしたからです。コマーシャルも人気女優を使って大々的に流しました。

さて結果はどうだったのでしょう。

新製品の投入、それに伴う大々的なコマーシャルキャンペーンにもかかわらず、不思議なことに新規参入メーカーではなく、トップシェアの入浴剤の一人勝ちのままでした。むしろトップシェア製品は、従来の売上よりも好調な結果を残したのです。

どうしてでしょうか。

それは、次のような理由でした。コマーシャルを見て好感を持った主婦は、スーパーマーケットに、その新しい入浴剤を買いに行きました。ところが、**スーパーマーケットの棚の大半はトップシェアの入浴剤で占められていた**のです。

主婦は新しい入浴剤を購入しにスーパーマーケットに来たのですが、棚を見て「やはりトップシェアの入浴剤の方が良い」と思い、買っていったのです。つまり、**トップシェアの入浴剤を扱っている会社は、コマーシャルなどを強化するのではなく、スーパーなどの流通に対して、従来よりも棚を確保し、新規参入を阻害した**ということです。

このマーケティングの成功と失敗を説明するのに「4P」が、とても有効です。

トップシェアの入浴剤の視点から考えてみましょう。国内での入浴剤マーケットを作ったのは同社であり、同社のProduct（製品）が、入浴剤のデファクトスタンダード（事実上の基準）になっていました。競合商品と比較すると、ややPrice（値段）は高いかもしれませんが、製品とのバランスでは問題ないでしょう。**つまりブランド価値がある**と言うことです。また、Promotion（宣伝）に関しては、長年のコマーシャルが功を奏し「入浴剤といえば、第一想起（最初に思い浮かぶ製品）」となっていました。最後のPlace（流通チャネル）に関しても、競合企業の新しい入浴剤に対して棚を押さえるという戦術で対抗したのです。もちろん何らかのインセンティブ（報奨金）を流通チャネル（スーパーなど）に支払ったかもしれません。あるいは、仕切り値を下げたのかもしれません。どちらにしても、トップシェアの企業は、競合企業の新規参入に対して、4Pの整合性がある戦略を実行したのです。

一方、新規参入しようとした企業は、Product、Price、Promotionには整合性があったのですが、**Place（流通チャネル）への対応が弱かったようです。**つまり4Pの整合性がなかったのです。

これは入浴剤に限った話だけではありません。我々のビジネスを実現する際にもこの考え方は有効です。

たとえば、市場に画期的な製品を投入する場合を考えてみます。このProduct（製品）は、従来にない機能を持っている高機能商品です。研究開発などにも多額の資金を投入しているのでPrice（価格）は高めに設定しています。この高額製品を購入できる人は、限られていますので、高額所得者がよく利用するアプリやメディアなどでPromotion（広告・宣伝）を行います。そして、反響があった顧客に対しては、ある程度以上の教育を実施したPlace（営業）を使用します。この中のどれかが欠けていても、マーケティング戦略が失敗する可能性が高まるのです。

たとえば、Promotion（広告・宣伝）を一般の人が利用するメディアに変えたらどうでしょう。ターゲットの人材には「接点」がないので、非購入者からの問合せだけが増えてしまい、販促効果は低減します。人件費を抑えるために、Place（営業）を経験の浅い若手営業に変えるとどうでしょうか。高額所得者への対応に不手際があり、拡販できないどころか、クレーム対応に追われるかもしれません。

この手の一部の特定顧客に高額商品を拡販する戦略を**「スキムミルク（ホットミルクの表面部分、転じて上位顧客のみ）戦略」**と言いますが、この顧客に拡販する際には、教育された営業チャネルや高額所得者向けの流通チャネルが不可欠なのです。４Pは、４つのPの整合性をチェックするフレームです。販促策などを検討する際に、ぜひ参考にしてみてください。

5 5F（ファイブ・フォース）

生き延びるための環境分析

次は5で始まるフレームです。ここでは**図43**の5F（5Force）を紹介します。これは3C（Company：自社、Customer：顧客、Competitor：競合）の拡大版という位置付けのフレームです。

簡単にポイントを説明しましょう。5FのFは「Force：力」のFです。企業は様々な『力』と戦う競争環境の中で事業運営をしています。その状態を表す図なのです。**新規参入を考える市場や、自社の属している市場を整理する際に有効なフレーム**です。

5つの力を順に見ていきましょう。まず1つめの力は『**顧客**』からの力です。顧客はできるだけ安く商品・サービスを購入しようとします。つまり自社から見ると**値下げ圧力があり、売上を減らす要因**があるのです。この力は様々な場面で手を変え、品を変え襲ってきます。「たくさん購入するので」「いつも購入しているので」「初めてなので」「クレームがあったので」などが代表例でしょう。この力に打ち勝って収益を担保しなければならないのです。

2つめの力は『**仕入れ先**』からの力です。仕入先はできるだけ高く原材料などを販売しようとします。つまり自社から見ると、**仕入れの値上げ圧力があり、原価や経費を高くし、利益を圧迫する要因**があるのです。この力も形を変えて様々に襲ってきます。「他社の方が高く仕入れてくれるので」「市場価格が高くなったので」などです。

3つめの力は『**競合企業**』からの力です。**競合企業は、隙があれば、自社の顧客を奪おうと虎視眈々と機会を狙っています。**「安くする」「サービスを付加する」「高性能の新製品を出す」「担当者を接待する」などです。この力にも打ち勝つ必要があるのです。

4つめの力は『**新規参入者**』からの力です。新規参入者とは、現在は自社の属している市場・マーケットには参加していないが、**新たな競合企業として、この市場に参加しようと考えている企業**のことです。つまり潜在的競合企業です。

以前、ニッチ市場のトップメーカーであったベンチャー企業の創業社長と『新規参入者』に関して話をしたことがあります。社長曰く、ベンチャー企業が創り出したニッチ市場は、設立当初は市場規模も小さく、大企業は参入してきません。ところが、ある規模になってくると大企業が『新規参入者』として市場に参加してきます。ただ、参入当初は、その市場はまだ大きくないの

図43　5F:5つの力

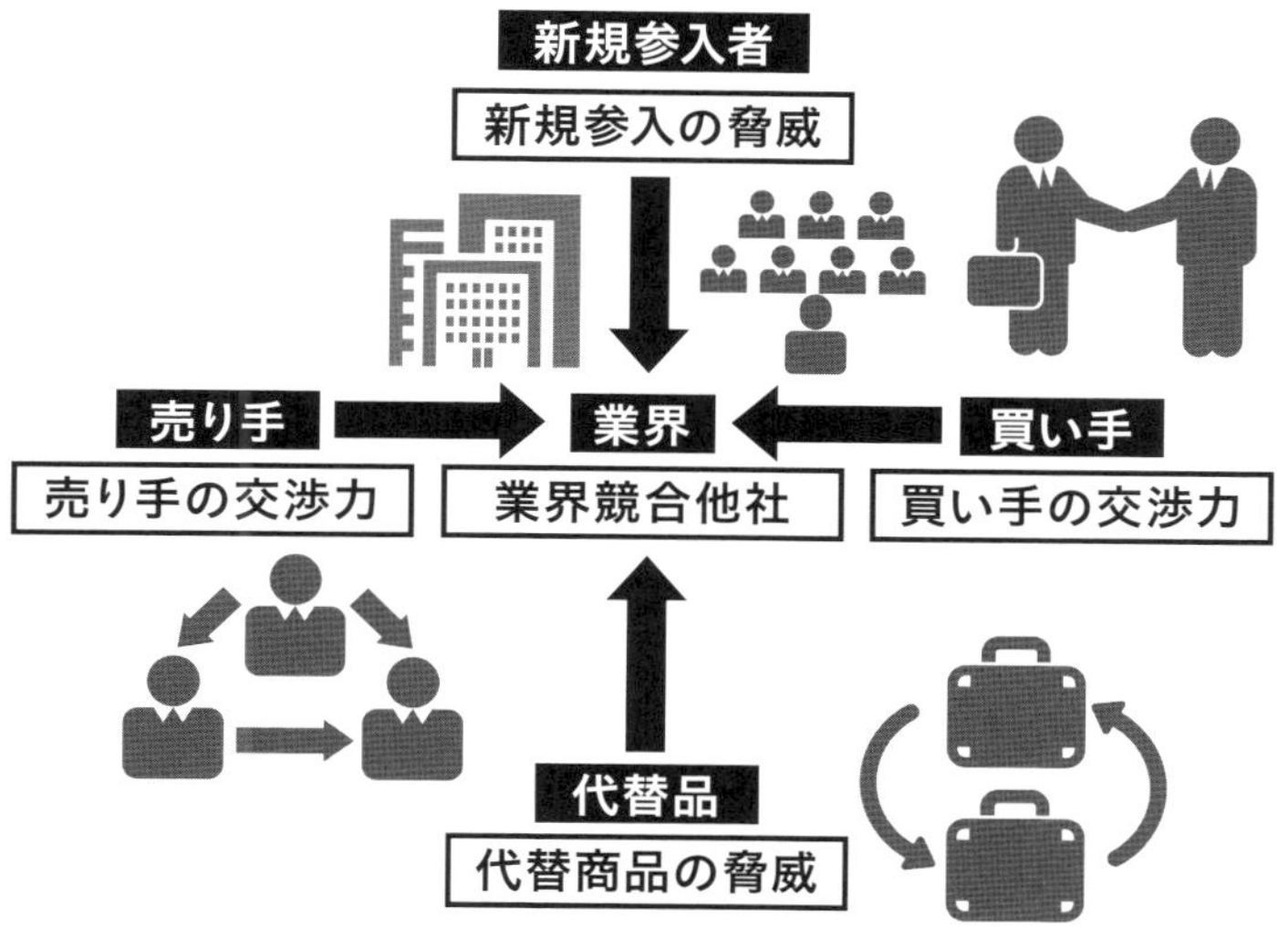

で、大企業の中で、そのニッチ市場を担当する人材は、そう優秀ではないそうです。ところが市場規模が大きくなり数十億から100億円規模になると、競合である大手企業のエース級の人材が投入されるそうです。資本に勝る大企業のすさまじい攻勢が開始し、ベンチャー企業はひとたまりもなくなります。このベンチャー企業も現在は、大企業のパワーを見せつけられ、存在していません。

さて5つめです。これは**『代替者』**の力です。これはマーケットを変えてしまう大きな可能性を秘めています。**従来の商品・サービスの代わりとなる商品サービスが出てくること**です。古くは、ポケベルに対してのPHS。PHSに対しての携帯電話（ガラケー）、携帯電話に対してのスマホなどが代表例です。最近ではテレビなどのマスメディアに対してのネットメディアやSNS広告などもそうかもしれません。

私が営業だった25年前、営業職はポケベルを持っていました。初期のポケベルは音が鳴るだけでしたが、私が利用していたのは、数桁の数字がディスプレイに表示されるタイプでした。このポケベルは、伝える情報が数字だけですが、地下であっても電車であってもお構いなしで、その伝達力はすさまじいものがありました。そう言えば女子高生も同じようにポケベルを持ってコミュニケーションを取っていました。

ところが、ポケベルはほんの10年もたたないうちにPHSに取って代わられ、当時のポケベル専業メーカーや販売会社が次々に倒産していったのです。つまり、『代替品』によって市場を根こそぎ奪われてしまったのです。

しかし、PHSの栄華も長くは続きませんでした。携帯電話、特にi-modeという『代替品』によって顧客を根こそぎ奪われてしまったのです。

ところが、そのi-modeもスマホに市場を奪われました。市場を3Cで整理するのも有効なのですが、**代替品と新規参入者への意識が弱くなりがちです**。市場を把握したいのであれば、5Fの観点で整理する。とても有効ですので、活用してみてください。

6 6Σ（シックス・シグマ）

ミスゼロを目指す日本、ミスはある前提で考える諸外国

6から始まるフレームワークで紹介したいのは**図44**の6Σ（シックス・シグマ）です。フレームを活用しようというのではなく、この源流にある考え方を学んでほしいと考えています。

まずは、6Σの概要を説明しましょう。6Σは、1980年代に米モトローラが開発した**品質管理手法であり経営手法**です。主に製造業中心に活用されていますが、製造部門に留まらず、営業部門、企画部門などの間接部門への適用、さらにはサービス業をはじめとする非製造業への適用例も多数あります。

シックスシグマは、統計学の標準偏差を意味するσ《シグマ》に語源があります。**「100万回の作業を実施しても不良品の発生率を3、4回に抑える」**ことへのスローガンとしてシックスシグマとい

う言葉が使われ、定着していきました。100万回＝1,000,000回と0が6つあるので6Σだ、とすると覚えやすいでしょう。

この冒頭でも書きましたが、6Σを使用しましょうというのが、ここで伝えたいことではありません。6Σの思想を使いましょうということです。6Σの最終目標は100万個の作業を実施しても不良品の発生率を3、4回に抑えるということです。

何をみなさんに伝えたいのか。それは、**最終的なゴールでさえ、不良品の発生率をゼロにしようとしていない**ということです。

日本では、不良品の発生率をゼロにしようとする話をよく聞きます。ゼロにすべきだという話もよく耳にします。

ゼロを目指すのは何が問題なのでしょうか。ミスや不良品はないに越したことはありません。しかし、ゼロを目指すことの問題が3つあります。

1つは、**6Σ（100万個に2、3個のミス）から不良品0にするのは多大な努力とコストが必要**なのです。当然ながらそれは製造コストに跳ね返るので、商品価格を高くし競争力を落とすか、高くしないのであれば自社の利益を削るしかありません。

2つめは、欠品ゼロを年間目標にした場合を想定してください。たとえば定期的に欠品状況を

図44　6Σ:ミスは起きるという前提で考える

6Σ：最終ゴールでも100万回にミス3,4回

➡ **ミスは起きるという前提**

日本：ミスを0にするという前提

⬇

ミス0目標の何が問題なのか

1. 6Σ（100万個に3,4個のミス）から不良品0にするのは多大な努力とコストが必要。
2. 欠品ゼロを年間目標にした場合、最初のチェックで不良品が出ると、もうその年間目標達成はできない。
3. 顧客もそんなことを求めていない。

チェックします。**最初のチェックで不良品が出ると、もうその年間目標達成はできない**のです。達成できない目標を残りの長期間追いかけるのはかなりつらいものです。

関与する従業員のモチベーションも維持できません。このようなリスクのある指標を追いかけるのは意味がないと考えます。

3つめは、**顧客もそんなことを求めていない**のです。不良品ゼロにできるのは素晴らしいです。しかし、大半の企業はそれを実現できません。

結果、部品100を求められたら、不良品があるかもしれないので1つ多く納品したりします。それが現在の一般商品に対する世界標準なのです。もちろん、不良品ゼロを求められる業界もあります。ロケットや飛行機な

どはそうかもしれません。しかし、そのような業界の方が圧倒的に少ないのです。

6Σから学んでほしいのは、ミスは起きると考えるか、起きないと考えるかという思想です。製造業であれば、最終的には6Σ程度に抑えたいと思っています。非製造業であれば製造業ほど、繰り返し業務がありませんので、6Σではなく5Σや4Σ、場合によっては3Σくらいかもしれません。

私は、ミスは起きると考えています。6Σから、ミスを「見える化」して、一定量のミスは許容するという思想を知ってください。

フレーム

7 7つの習慣

人生で大切なことにフォーカスせよ

7で始まるフレームと言えば、世界的に翻訳され、日本でもベストセラーになっているスティーブン・R・コヴィー博士の「7つの習慣®」があります。

この「7つの習慣」は研修や本になっているのでご存知の方も多いと思います。7つの重要な習慣があるのですが、その中で私が一番好きな話をここでは紹介します。

博士は言います。**図45**のように「仕事を緊急度の高低と重要度の高低の2軸によって4分類しなさい。そして緊急度が低く重要度の高い仕事から優先的にスケジュール帳に書き入れなさい」。博士は、この緊急度が低く重要度の高い仕事を「大きな石」と呼んでいます。

「スケジュールを大きな石で埋めるのです」とアドバイスしてくれます。一般的な感覚で言うと「重要度が高い仕事の優先順位が高いのは分かる。しかし緊急度が高い仕事も優先順位が高いのではないか」と感じませんか？　私も初めてこの考え方に触れた時にそう思いました。つまり重要度も緊急度も高い仕事こそコヴィー博士の言う「大きな石」ではないかと思うのです。

これは、次のようなたとえ話によって理解すると良いようです。

今後のグローバル化や中国の大発展を考えると、英語や中国語を学んでおこうと思っている人は多いでしょう。それは今、気付いたというよりも数年前もそう感じていたはずです。しかし、語学を学ぼうという意識はあったとしても、現在の仕事で英語も中国語も直接必要でない場合、実際に学び出した人はほとんどいないのが実情です。結果、数年たっても使えるレベルになっていません。そして、この習慣を続ける限り、来年も再来年もそのままになります。

耳が痛い話です。これがコヴィー博士の言う**「重要度は高いが緊急度が低い＝大きな石」**なのです。数年前に週に1回でも2回でも語学を学び始めていたとしたらどうなっていたでしょうか。

ビジネスシーンでもそうです。今日しなければいけない仕事ではないけれど、将来に備えてやっておいた方が良い勉強、研修などがそうです。重要顧客への自社への満足度に関するインタビューなどもそうかもしれません。

近視眼的に考えると、明日までにやる仕事をやり遂げることは極めて重要です。しかし、本来は、**明日までにやらないといけない仕事だけを日常的にしてしまっている段取りの悪さを課題解**

図45　7つの習慣:第二領域を大事にする

← 緊急性　　↑ 重要性

	緊急	緊急でない
重要	**第一領域『必須』** ・締め切りのある仕事 ・重要な会議 ・病気、自己、災害対応	**第二領域『価値』** ・資格、語学など自己啓発 ・豊かな人間関係作り ・計画や準備
重要でない	**第三領域『錯覚』** ・大半の会議 ・大半の電話、大半のメール ・大半の接待、頼まれごと	**第四領域『無駄』** ・暇つぶし ・長電話、長文メール ・手待ち時間

決すべきことなのだと思います。
そのために、**「仕事の優先順位をつけ、優先順位の低い仕事はやらない」**という習慣が重要なのです。

これは、ビジネスだけではなく、とても有効な考え方であると言えるでしょう。
私は、自分自身のスケジュールを考える際には、さらに少し工夫を加えています。それは、**具体的にスケジュールを考える際には「緊急度」のモノサシを可能な限り無視する**のです。つまり私たちは、常日ごろ、知らず知らずのうちに「緊急度」のモノサシで考えるクセが染み付いています。勇気を持って「重要度」のモノサシだけで考えてみることを実践してみてはいかがですか？

おわりに

2000年ごろ、本を出したいと考えていた私は、すでに本を出版されていた先輩に1冊目の本の出し方を教えていただきました。その方曰く、「企画書を作成して、本屋に行って、あなたの名前を付けたい出版社をピックアップして、そこに企画書を送れば良い。そして連絡を待てば良い。簡単でしょう」。素直な私は、先輩のアドバイスに従い、企画書を10社分コピーして出版社に送付しました。

2社から返信が来ました。1社が結果、1冊目の本を出版してくださった東洋経済新報社でした。そしてもう1社が、今回の本を出版してくださった「かんき出版」でした。しかし、かんき出版からの返信は、「この企画では出版できない」というお断りの返信でした。貰った時は、当然がっかりしましたが、残りの8社は返信がありませんでした。ですので断りの連絡だとしても、とても誠実な出版社だというイメージを持ったのを覚えています。

ですので、今回出版の話をいただき二つ返事でOKをしました。10年を超えて思いが伝わったわけです。とても嬉しく思っています。

この本を出すにあたっては、リクルート時代の「メディアの学校」の資料は当然のことながら、ビジネスインサイダージャパンに寄稿している記事、日経スタイルに寄稿した記事、あるいは、私が常日ごろ参考にしている本、たとえば『イシューからはじめよ』『習慣の力』『問題解決の技法』『ザ・ゴール』などが重要なインプットになっています。ありがとうございました。

私は30年ほど、数字に関係する仕事をしてきました。正確に表現すると様々な職種や業種で数字を活用してビジネスをしてきました。しかも、それはこの本で説明したように四則演算でできるレベルの算数の応用でした。そこに様々な先人の知恵を付加して、活用してきました。この考え方が、みなさんの仕事力アップに少しでも役に立てば望外の幸せです。最後までお付き合いいただき、ありがとうございました。

２０１９年２月
中尾隆一郎

【著者紹介】

中尾　隆一郎（なかお・りゅういちろう）

◉——株式会社中尾マネジメント研究所（NMI）代表取締役社長。株式会社旅工房 取締役。1964年5月15日生まれ。大阪府摂津市出身。1987年大阪大学工学部卒業。89年同大学大学院修士課程修了。同年、株式会社リクルート入社。主に住宅、人材、IT領域を歩み、住宅領域の新規事業であるスーモカウンター推進室で室長を務めてた時は、同事業を6年間で売上を30倍、店舗数12倍、従業員数を5倍に拡大させた。リクルートテクノロジーズで社長を務めていた時は、リクルートが掲げた「ITで勝つ」を、優秀なIT人材の大量採用、早期活躍、低離職により実現。リクルート住まいカンパニー執行役員、リクルートテクノロジーズ代表取締役社長、リクルートホールディングスHR研究機構企画統括室長、リクルートワークス研究所副所長などを務め、2018年3月までリクルートで29年間勤務。

◉——専門は、事業執行、事業開発、マーケティング、人材採用、組織創り、KPIマネジメント、中間管理職の育成、管理会計など。リクルート時代は、約11年間、リクルートグループの社内勉強会において「KPI」「数字の読み方」の講師を担当、人気講座となる。良い組織づくりの勉強会（TTPS勉強会）主宰。

◉——著書に『最高の結果を出すKPIマネジメント』（フォレスト出版）、『リクルート流仕事ができる人の原理原則』『リクルートが教える営業マン進化術（共著）』（ともに全日出版）、『転職できる営業マンには理由がある！（共著）』（東洋経済新報社）などがある。Business Insider Japanにて毎月マネジメントをテーマに寄稿している。

「数字《すうじ》で考《かんが》える」は武器《ぶき》になる　〈検印廃止〉

2019年３月４日　第１刷発行
2020年７月21日　第６刷発行

著　者——中尾　隆一郎
発行者——齊藤　龍男
発行所——株式会社かんき出版
東京都千代田区麹町4-1-4 西脇ビル　〒102-0083
電話　営業部：03(3262)8011㈹　編集部：03(3262)8012㈹
FAX　03(3234)4421　振替　00100-2-62304
http://www.kanki-pub.co.jp/

印刷所——ベクトル印刷株式会社